Alessandro Santos de Miranda

Ativismo Judicial na Promoção dos Direitos Sociais

A Dimensão Política da Jurisdição Constitucional na Realização dos Direitos Sociais

O Supremo Tribunal Federal como formador de novos parâmetros de civilidade social e propagador do ativismo judicial

LTr®

LTr®
EDITORA LTDA.

Rua Jaguaribe, 571
CEP 01224-001
São Paulo, SP — Brasil
Fone (11) 2167-1101
www.ltr.com.br

Produção Gráfica e Editoração Eletrônica: R. P. TIEZZI
Projeto de Capa: FABIO GIGLIO
Impressão: IMAGEM DIGITAL
LTr 4836.7
Março, 2013

Dados Internacionais de Catalogação na Publicação (CIP)
(Câmara Brasileira do Livro, SP, Brasil)

Miranda, Alessandro Santos de

Ativismo judicial na promoção dos direitos sociais : a dimensão política da jurisdição constitucional na realização dos direitos sociais : o Supremo Tribunal Federal como formador de novos parâmetros de civilidade social e propagador do ativismo judicial / Alessandro Santos de Miranda. — São Paulo : LTr, 2013.

Bibliografia

ISBN 978-85-361-2490-2

1. Brasil. Supremo Tribunal Federal 2. Direito constitucional 3. Direitos fundamentais 4. Direitos sociais 5. Jurisdição (Direito constitucional) 6. Poder Judiciário I. Título.

13-02798 CDU-342.7(81)

Índice para catálogo sistemático:

1. Brasil : Ativismo judicial na promoção dos direitos sociais : Direito constitucional 342.7(81)

À minha querida família (Luiza, Gustavo e Carolina), de quem tive tantas saudades durante minha estada na Europa, mas que jamais deixou de incentivar-me e apoiar-me nos momentos mais importantes da minha vida.

Sumário

Só quem não pensa está imune à contradição e ao erro.
É até preferível um erro que decorra de uma tentativa
ousada e comprometida com uma construção teórica
grandiosa a uma verdade elementar e superficial[*].

(*) BORGES, 1999, p. 16.

Prefácio

Alessandro Santos de Miranda brinda a comunidade jurídica com a presente obra *Ativismo Judicial na Promoção dos Direitos Sociais*, fruto de seu trabalho de conclusão de Mestrado em Direito Constitucional, pela Universidade de Sevilha, na Espanha, sob a orientação do Professor Doutor Víctor J. Vásquez Alonso.

Já pelo seu título, é possível perceber quão arrojado foi o tema escolhido, uma vez que o Autor traz uma apurada análise do Supremo Tribunal Federal, como formador de novos parâmetros de civilidade social e propagador do ativismo judicial. Por óbvio, o aspecto jurídico foi o alicerce da construção de todo o raciocínio ora apresentado, mas é inegável que o enfoque no elemento político dado à jurisdição constitucional é o que o torna diferenciado.

Atribuir ao Supremo Tribunal Federal o verdadeiro papel de Corte Constitucional, ainda que no Brasil o rol de suas competências estenda-se muito além disso, é efetivamente priorizar sua função mais relevante na estruturação do Estado. Em especial quando a questão envolve direitos fundamentais, pois o constituinte determinou que as normas definidoras desses direitos e das garantias fundamentais têm aplicação imediata, consoante disposto no art. 5º, § 1º, da Carta Magna de 1988. Neste diapasão, o STF exsurge não apenas como guardião, mas como agente ativo na concretização desses direitos e garantias e, na prática, enterra a visão retrógrada que imperava na doutrina e na jurisprudência de que as normas constitucionais garantidoras destes direitos eram desprovidas de plena eficácia e, portanto, inaplicáveis.

Para comprovar sua ideia, o Autor, de início, destrincha o princípio da dignidade da pessoa humana, fundamento da República Federativa do Brasil e principal alicerce dos direitos fundamentais. Depois, conceitua-os, indica sua origem e evolução histórica, aponta as classificações reinantes na doutrina e analisa a posição do Estado frente aos mesmos, inclusive mencionando as excepcionais possibilidades de restrição. Em seguida, dentro da teoria geral dos direitos fundamentais, passa a restringir sua análise na espécie dos direitos sociais, em um verdadeiro trabalho de fôlego, para estabelecer seus parâmetros teóricos, ressaltando-se o estudo da teoria das *necessidades humanas básicas*, bem como o princípio da proibição do retrocesso social.

Após análise de exatidão técnica conceitual incontestável, o Autor passa a esmiuçar a jurisprudência do Supremo Tribunal Federal na concretização dos direitos sociais, destacando o direito à educação, à saúde, ao trabalho, à moradia, ao ócio, à segurança, à previdência social, à proteção à maternidade e à infância. Ao apresentar este resultado prático, demonstra a efetividade da atuação do Tribunal Constitucional brasileiro, que desponta como agente com função promotora dos direitos sociais, em um verdadeiro ativismo político-judicial, suplementando eventual inércia dos demais Poderes do Estado. Aliás, a conclusão é de solar clareza, no sentido que o Supremo Tribunal Federal, dentro dos limites da inércia caracterizadora do Judiciário brasileiro, é agente de cidadania e formador de novos parâmetros de civilidade social.

Por óbvio, a excelência deste trabalho deve-se ao vigor acadêmico do Autor, mas o seu tom inovador e, principalmente, o objetivo límpido de atribuir-lhe também efetividade prática, sem sombra de dúvidas, deve-se à sua atuação como Procurador do Trabalho.

Alessandro Santos de Miranda ingressou nos quadros do Ministério Público do Trabalho, em 1999, aprovado no 8º Concurso para ingresso na carreira. Desde então se revelou como um de seus Membros mais atuantes e, muito embora atue em todas as áreas, teve (e tem) enorme destaque na matéria relacionada à Segurança e Medicina do Trabalho, tendo sido Coordenador Nacional da CODEMAT — Coordenadoria Nacional de Defesa do Meio Ambiente do Trabalho do MPT de dezembro de 2005 a setembro de 2010. Dentre as atividades que coordenou, merece destaque a investigação das condições de trabalho dos controladores de tráfego aéreo, exatamente na época em que o país sofreu o conhecido "apagão" no setor. Também merece destaque sua atuação no acompanhamento das obras decorrentes da Copa das Confederações, Copa do Mundo e Olimpíadas; no combate às irregularidades na indústria da construção civil e da construção civil pesada; na promoção do trabalho digno no setor sucroalcooleiro e nas carvoarias; na regularização das condições ergonômicas de trabalho no setor bancário, dentre outras.

Além de Membro do MPT dedicado, vocacionado e altamente comprometido, Alessandro Santos de Miranda, Alê, para os que com ele convivem com mais proximidade, é um ser humano único. Portador de um coração que alberga o mundo e um pouco mais, desdobra-se para auxiliar seus colegas e amigos, jamais medindo esforços para prestar sua solidariedade, seja institucional ou pessoal, inclusive deixando para um segundo plano os próprios projetos. Seu senso de justiça, sua noção de lealdade, seu ilimitado companheirismo, seu carinho e permanente atenção são características que fazem dele uma pessoa que todos querem por perto.

Assim, suas incontáveis qualidades técnicas e pessoais foram imprescindíveis para a apresentação deste estudo. Analisar a atuação política e ideológica da Suprema Corte nacional, dentro de parâmetros estritamente jurídicos, não é tarefa fácil e, mais ainda, quando o foco dessa análise é voltado para os direitos sociais. Alessandro Santos de Miranda, aliando sua sensibilidade e seu brilhantismo jurídico, fez isso com maestria.

Não apenas a comunidade jurídica deve festejar a edição desta obra, mas também todos os que se dedicam às demais Ciências Humanas, pois a sistematização trazida em muito ajudará a compreender a evolução do nosso país, nas suas constantes tentativas de firmar-se como Estado Democrático de Direito, concretizando a verdadeira inclusão e o fim das ainda gritantes desigualdades sociais.

São Paulo, janeiro de 2013.

Sandra Lia Simón

Procuradora Regional do Trabalho. Vice-Procuradora-Chefe da PRT 2ª Região/SP. Conselheira Nacional do Ministério Público (biênio 2009/2011). Procuradora-Geral do Trabalho (biênios 2003/2005 e 2005/2007). Vice-Presidente ANPT – Associação Nacional Procuradores do Trabalho (biênio 2000/2002).

Parece-me que a coisa decisiva é poder por os pensamentos objetivos (ou seja, as Teorias) à nossa frente, de tal maneira que nós possamos criticá-las e raciocinar sobre elas(*).

(*) POPPER, 1981, p. 260: *Il me semble que la chose décisive, c'est de pouvoir mettre les pensés objectives (c'est à dire les Théories) devant nous, de telle manière que nous puissons les critiquer et raisonner sur elles.*

Introdução

Decifrar o campo de experiências possíveis não é pouca coisa. E certamente não é tarefa fácil.

Alessandro Santos Miranda

Na presente dissertação de Mestrado discute-se o sentido da denominada Constituição Cidadã e o importante papel do Poder Judiciário com respeito à implementação dos direitos sociais fundamentais no Estado Democrático Brasileiro. A discussão faz-se desde a perspectiva da hermenêutica teórico-filosófica e consiste na formulação e proposição de um modelo que pretende superar uma interpretação conservadora da Constituição de 1988. O objetivo é auxiliar tanto os atores jurídicos como os poderes públicos, em grande medida, para que possam adotar uma nova postura na busca da realização de referidos direitos no país.

De início, entender a real extensão e alcance dos direitos sociais significa pensar nos dilemas mais cruciais no contexto da atualidade brasileira e do mundo contemporâneo. O problema não é novo, mas ganha uma urgência especial frente à problemática emergente entre uma longa história de desigualdades e exclusões, as novas diferenciações e os efeitos, ainda não totalmente conhecidos, produzidos pela reestruturação produtiva que propugna a nova realidade global.

Neste contexto, após reconhecer a discrepância entre o princípio da igualdade perante a lei e a realidade de desigualdades e exclusões, pensar nos direitos sociais fundamentais significa explorar suas potencialidades para modificar o *status quo*. A este respeito, deve-se trasladar o terreno da discussão e repensar os direitos sociais a partir da realidade que deixaram de conter, formulando soluções possíveis que correspondam às urgências para resolver, de uma vez por todas, o efeito devastador do desgaste de ditos direitos no país, reduzindo a distância entre o mundo social e as esferas de poder estatal.

No Brasil, a tutela dos direitos sociais fundamentais refere-se, em muitos casos, à prática judicial dos tribunais, em especial o Supremo Tribunal Federal, na perspectiva de eleger diretrizes prático-racionais para ampliar os delineamentos determinados pela própria Constituição em sua aplicação diária. A questão repetidamente mencionada na doutrina e na jurisprudência relaciona-se com a verificação da aplicabilidade dos direitos sociais, considerados como normas constitucionais desprovidas de plena eficácia e autoexecução, mas extensa e necessariamente exigíveis, uma vez que representam a própria ideologia do Texto Fundamental Brasileiro.

A propósito, é importante, também, abordar questões relevantes para a concretização dos direitos sociais fundamentais e sua instrumentalização por meio de políticas públicas e normativas adequadas. Para que estes direitos sejam realmente efetivos, requer-se dos poderes estatais uma postura comprometida com a boa ordem socioconstitucional. É notório que o Direito Constitucional tem avançado com certa cautela no que diz respeito ao tratamento de questões como a eficácia de suas disposições referente aos direitos fundamentais, especialmente no que concerne aos direitos sociais. Estes são direitos ou garantias que frequentemente requerem dos poderes públicos ações positivas capazes de satisfazer as *necessidades humanas básicas*[1] dos indivíduos.

Para bem fundamentar esta dissertação, teve-se em conta que o rigor metodológico e a precisão semântica constituem os requisitos essenciais de qualquer discussão jurídico-científica. Portanto, para uma melhor exploração do tema, justificou-se, inicialmente, uma construção teórica robusta e adequada, abordando a delimitação dos conceitos e de toda a problemática referente à matéria — a dignidade fundamental dos direitos sociais —, o que se fez nos três primeiros capítulos.

Nos dois últimos capítulos buscou-se identificar, por meio da análise da vasta doutrina e jurisprudência sobre o tema, as linhas dominantes do pensamento do Supremo Tribunal Federal (considerado como órgão máximo da Justiça Constitucional Brasileira) no exercício de sua função promotora dos direitos sociais fundamentais. Esta dissertação não se limita

(1) Aqui reside o ponto chave desta dissertação (*Vide* tópico II.5).

a um conjunto de posicionamentos doutrinário-jurisprudenciais (ainda que selecionados com critério, pois são considerados requisitos do estudo). O que se buscou foi implementar uma pesquisa sobre as concepções próprias do Tribunal Constitucional Brasileiro na compreensão do direito social derivadas dos fundamentos de suas decisões colegiadas e votos monocráticos. Além disso, tampouco escaparam da análise alguns temas importantes para a teoria contemporânea do Direito como, por exemplo, a perspectiva de uma cidadania social, a possibilidade de um autêntico ativismo político-judicial e a ideologia presente naquela Corte.

Procurou-se realizar as traduções dos textos doutrinários estrangeiros consultados (em especial, do espanhol, do francês e do português — de Portugal) da forma mais fidedigna possível para uma melhor compreensão do tema.

Deve-se considerar, ao mesmo tempo, que a análise das políticas sociais, tendo como base as disposições da Constituição Brasileira, não significa descrever uma prescrição jurídica única a ser adotada pelo Estado e pelos atores jurídico-sociais já que, acerca dos direitos sociais fundamentais, se tudo está dito, não está, em todo caso, tudo feito. Antes disso, este estudo pretendeu enfrentar as incontáveis dificuldades de discutir os direitos sociais em um contexto de normatividade plural, democrática e garantidora das diversas liberdades individuais.

Por último, a eleição do tema — direitos sociais fundamentais — deu-se devido à formação profissional do autor que, desde 1999, atua como Procurador do Ministério Público do Trabalho. Além de basear-se em sua experiência prática, buscou também um maior aprofundamento acerca do tema, que foi obtido por meio de exaustiva leitura bibliográfica e jurisprudencial brasileira, portuguesa, espanhola e francesa.

Capítulo I

A Dignidade Constitucional dos Direitos Fundamentais

Tópicos gerais para a construção da teoria fundante desta dissertação

Não é preciso muita imaginação para predizer que o desenvolvimento da técnica, a transformação das condições econômicas e sociais, a expansão do conhecimento e a intensificação dos meios de comunicação poderão produzir mudanças na organização da vida humana e das relações sociais para criar ocasiões favoráveis para o nascimento de novas carências e, portanto, para novas demandas de liberdade e de poderes[2].

I.1) Direitos fundamentais como denominação consagrada

Todo sistema jurídico atribui às pessoas uma ampla e variada gama de direitos, tornando-se necessário saber a quais deles pode ser dado o caráter de fundamentais. Na prática, esta seleção de direitos somente pode ser realizada considerando-se um sistema jurídico concreto[3]. A simples vista, a dinâmica histórica do direito em cada sociedade dificulta a formu-

(2) BOBBIO, 1992, p. 33.

(3) Para Canotilho, *O Estado Constitucional é mais um ponto de partida que um ponto final. É o produto do desenvolvimento constitucional no atual momento histórico.* (CANOTILHO, 2010, p. 87).

lação de uma teoria dos direitos fundamentais em geral, válida universalmente[4] no tempo e no espaço. Entretanto, a evolução histórico-jurídica ocorrida em distintos países, em especial nos Estados Democráticos de Direito, permite a comparação e avaliação dos direitos fundamentais.

Assim, o reconhecimento dos direitos fundamentais depende da circunstância histórica em cada lugar. Desta forma, neste estudo não se adotará a noção de direitos fundamentais centrada na natureza eterna e imutável do ser humano (jusnaturalismo racional[5]). Com certeza, os direitos fundamentais dependem dos valores próprios de cada sociedade, de sua cultura, de sua maturação política (se autoritário ou democrático), de suas crenças etc. em um determinado período. Daí deriva sua historicidade.

O desenvolvimento histórico da noção de direitos fundamentais, ao lado da preferência doutrinária ditada pela orientação ideológica de cada estudioso do tema, justificaram o surgimento de diversas expressões para designá-los, conceitos estes que muitas vezes se utilizam sem distinção, como se fossem sinônimos, mas que representam, sem dúvida, institutos jurídicos distintos, ainda próximos, tais como direitos públicos subjetivos, direitos da personalidade, liberdades públicas, direitos humanos, direitos do cidadão, entre outros[6]. Assim, adiantando-se à discussão que se segue, a expressão atualmente consagrada pela maioria dos doutrinadores e dos textos constitucionais, e que se adotará neste estudo, é "direito fundamental".

Começando o debate, para o professor Díez-Picazo, os direitos fundamentais são, de forma genérica, direitos públicos subjetivos que os particulares ostentam frente a quaisquer poderes públicos estatais, ou seja, são aqueles submetidos ao direito administrativo (público), excluídos os direitos subjetivos que surgem frente à Administração quando esta atua com sujeição ao direito privado (civil, mercantil, laboral)[7].

---

(4) Díez-Picazo sustenta que dizer que há certos direitos fundamentais que fazem parte das tradições constitucionais comuns somente é possível se se considerar que o crucial não é o modo em que estes direitos estão regulados e protegidos em cada ordenamento jurídico nacional, senão o feito de que em todos eles estão reconhecidos direitos universais. (DÍEZ-PICAZO, 2008, p. 39).

(5) Pelo modo de pensar do racionalismo natural, baseado em uma cultura política de caráter individualista, o indivíduo pensante e atuante era o núcleo do sistema social, e o conteúdo das declarações de direito dificilmente poderia ser impugnado. (CANOTILHO, 2008, p. 18-19).

(6) A própria Constituição Brasileira refere-se a diversas expressões: direitos humanos (art. 4º, II), direitos e garantias fundamentais (Título II), direitos e liberdades fundamentais (art. 5º, XLI) e direitos fundamentais da pessoa humana (art. 17).

(7) DÍEZ-PICAZO, 2008, p. 41.

Já os direitos da personalidade procedem do direito civil e designam um conjunto mais heterogêneo de direitos subjetivos (à vida e integridade; à honra, intimidade e imagem; ao nome e pseudônimo; à condição de autor) que se caracterizam negativamente por sua natureza não patrimonial e positivamente por proteger determinados atributos da personalidade humana. São direitos absolutos, de eficácia *erga omnes*, cuja infração há de reparar-se pela via da indenização[(8)].

Com referência aos termos liberdades públicas e direitos fundamentais, são sinônimos[(9)], referindo-se a primeira expressão àqueles direitos fundamentais que tem âmbitos de autonomia frente ao Estado, em vez de faculdades de participação.

A seu turno, destacam Pérez Luño[(10)], Peces-Barba Martínez[(11)] e Soares[(12)] que os direitos humanos representam direitos de caráter inviolável, atemporal e universal derivados da própria natureza humana, contidos nas declarações de direitos e que estão relacionados às exigências de proteção da dignidade, liberdade e igualdade, independentemente de constarem expressos em algum estatuto jurídico. Por sua vez, os direitos fundamentais são aqueles objetivamente vigentes em uma ordem jurídica concreta, depois de terem sido reconhecidos expressamente[(13)].

Com idêntica linha de raciocínio, para Díez-Picazo a expressão direitos humanos designa os direitos que, referindo-se a valores básicos e universais, são declarados por tratados internacionais[(14)]. A seu modo de ver, a diferença entre direitos fundamentais e direitos humanos situar-se-ia no ordenamento que os reconhece e protege: interno, no caso dos primeiros; internacional, no caso dos direitos humanos. Com maior ênfase, entre os direitos fundamentais e os direitos humanos há estreita comunicação devido à *tendencial identidade dos valores protegidos, e à crescente internacionalização da proteção dos direitos*[(15)(16)].

---

(8) DÍEZ-PICAZO, 2008, p. 41-42.

(9) DÍEZ-PICAZO, 2008, p. 40.

(10) PÉREZ LUÑO, 2007.

(11) PECES-BARBA MARTÍNEZ, 1999.

(12) SOARES, 1992, p. 90.

(13) Canotilho destaca: *direitos do homem são os direitos válidos para todos os povos e todos os tempos (dimensão iusnaturalista-universalista); direitos fundamentais são os direitos do homem, jurídico-institucionalmente garantidos e limitados espaço-temporalmente.* (CANOTILHO, 2010, p. 359).

(14) No mesmo sentido, BREGA FILHO, 2002.

(15) DÍEZ-PICAZO, 2008, p. 40.

(16) Na Espanha, o art. 10.2 da Constituição determina a interpretação das normas constitucionais sobre os direitos fundamentais *de conformidade com a Declaração Universal de Direitos Humanos e os tratados e acordos internacionais sobre as mesmas matérias ratificados pela Espanha.* (Constituição Espanhola, de 29 de dezembro de 1978).

A este respeito, Galuppo esclarece, com propriedade, que *os direitos humanos se converteram em direitos fundamentais somente quando o princípio do discurso se converteu no princípio democrático, ou seja, quando a argumentação prática dos discursos morais se converteram em argumentação jurídica limitada pela facticidade do direito, o que implica seu reconhecimento e caráter coercitivo, sem renunciar sua pretensão de legitimidade. Os direitos fundamentais representam a constitucionalização daqueles direitos humanos que têm desfrutado de um alto grau de justificação ao longo da história dos discursos morais, que são, por isso, reconhecidos como condições para a construção e exercício dos outros direitos*[17].

Com efeito, a Carta Europeia[18] de 2000 é a carta dos direitos fundamentais comunitários europeus; a Constituição Espanhola[19] os expressa no Capítulo II do Título I; a Constituição Brasileira dedica seu Título II a estes direitos e suas garantias[20]; e a Constituição da República Portuguesa, em sua Parte I[21][22].

Por fim, culminando a discussão semântica, a preferência pela expressão direitos fundamentais se justifica por diversas razões. *Ela engloba o fenômeno dos direitos em sua integridade e, dessa maneira, não sofre a crítica dirigida a expressões que se referem a parcelas ou setores da realidade dos direitos, como é o caso de aludir aos titulares (direitos do cidadão ou direitos individuais) ou ao conteúdo (direitos sociais ou políticos)* [23].

A denominação é *mais precisa que a expressão direitos humanos e não revela a ambiguidade que esta supõe. (...) É mais adequada que os termos direitos naturais ou direitos morais, que mutilam os direitos humanos de sua faceta jurídico-concreta. É mais adequada que os termos direitos públicos subjetivos ou liberdades públicas, que podem perder de vista a dimensão moral e restringir o sentido consagrado pelo*

---

(17) GALUPPO, Marcelo Campos. O que são direitos fundamentais? In: MARTINS, Thiago Penido. 2010, p. 6935.

(18) Carta dos Direitos Fundamentais da União Europeia, proclamada em Nice em 7 de dezembro de 2000. Disponível em: <http://www.europarl.europa.eu/charter/pdf/text_pt/pdf> Acesso em: 14.7.2011.

(19) Pérez Royo afirma que é a primeira vez que o termo direitos fundamentais aparece em um texto constitucional espanhol. (PÉREZ ROYO, 2010, p. 201).

(20) A este respeito, de conformidade com o disposto no art. 5º, § 2º, da Constituição Brasileira, *Os direitos e garantias expressos nesta Constituição não excluem outros decorrentes do regime e dos princípios nela adotados, ou dos tratados internacionais em que a República Federativa do Brasil seja parte.*

(21) Constituição da República Portuguesa, de 25 de abril de 1976.

(22) Como ocorre no Brasil, o amplo catálogo de direitos fundamentais da Parte I da Constituição Portuguesa não esgota o campo dos direitos fundamentais (art. 16).

(23) ROMITA, 2009, p. 61.

ordenamento. Por sua aproximação com direitos humanos, se mostra sensível a uma imprescindível dimensão ética[24].

I.2) Conceito e análise dos elementos de definição dos direitos fundamentais

Com referência ao conceito, de início é de bom tom registrar que na terminologia jurídica arraigada na maioria dos países democráticos (citando, com conhecimento de causa, Espanha, Brasil, Alemanha, Portugal etc.) a expressão direitos fundamentais designa os direitos garantidos pela Constituição[25], constituindo-se em uma categoria dogmática do Direito Constitucional[26].

Iniciando o debate, Bobbio assinala quatro dificuldades para a busca do fundamento absoluto para a definição dos direitos fundamentais. O primeiro é o fato de que é complicado encontrar uma definição exata para a aludida expressão, pois esta se revela sem conteúdo e, quando este aparece, introduz termos meramente avaliáveis[27], que são interpretados de maneiras diferentes segundo a ideologia assumida pelo intérprete. A segunda dificuldade apontada é a mutabilidade histórica constante dos direitos fundamentais, visto que seu rol tem mudado e segue transformando-se porque as condições históricas determinam as necessidades e interesses da sociedade. São, portanto, direitos relativos, não merecendo o estabelecimento de um fundamento absoluto. Acrescenta o autor que outra dificuldade em sua definição está baseada na heterogeneidade dos mesmos, isto é, a existência de diferentes direitos, às vezes conflitivos entre si. Dessa maneira, as razões que valem para sustentar alguns não valem para outros. A última dificuldade assinalada por Bobbio é a existência de direitos fundamentais que denotam liberdades, em contradição a outros que consistem em poderes. Os primeiros necessitam uma obrigação negativa do Estado, enquanto que os segundos requerem uma atitude positiva para sua eficácia.

Apesar destes entraves, constata-se que a busca do fundamento absoluto dos direitos fundamentais, ao longo da história, foi uma questão

(24) PECES-BARBA MARTÍNEZ, 1999, p. 37.

(25) DÍEZ-PICAZO, 2008, p. 38.

(26) VILLALON, 1989, p. 41.

(27) Bobbio cita como exemplos de termos de avaliação: *"Os direitos do homem são aqueles que o reconhecimento é 'condição necessária para a melhora da pessoa humana', ou para 'o desenvolvimento da civilização'"*. (BOBBIO, 1992, p. 16-21, destaques no original).

inerente à sua defesa, ou seja, serve de apoio para garantir sua eficácia. Isto explica porque os direitos fundamentais se converteram em uma preocupação filosófica, sociológica e política, e não somente jurídica.

Avançando no debate proposto, para Ferrajoli[(28)], que elaborou um conceito abordando uma concepção material, os direitos fundamentais são aqueles que, em um ordenamento concreto, se reconhecem a todas as pessoas (ou a todos os cidadãos, em seu caso) pelo mero feito de existirem, entendendo-se que o verdadeiramente peculiar destes direitos é seu conteúdo. Seriam direitos universais, significando que correspondem necessariamente a todos os membros do grupo. Esta definição, por sua generalidade, tem a enorme vantagem de explicar os direitos fundamentais com independência das concretas características de cada ordenamento jurídico.

Com o objetivo de melhor definir o conceito das normas fundamentais do Direito, em sua dileta lição, Alexy analisa diversos posicionamentos de importantes autores. A princípio, sob uma concepção formal, o autor considera as referidas normas como aquelas expressadas pelas disposições sobre direitos fundamentais que figuram expressamente no texto das constituições democráticas. Entretanto, segundo seu próprio entendimento, esta definição apresenta o problema de assumir a existência de um critério que permite dividir os enunciados constitucionais entre aqueles que expressam normas de direitos fundamentais e outros que não os expressam, já que nem todas as declarações constitucionais expressam direitos fundamentais[(29)(30)].

Referente a esta concepção formal dos direitos fundamentais, Díez-Picazo ressalta que o crucial não é seu conteúdo e sim a classe da norma (constitucional ou, ao menos, supralegal) que os reconhece e declara[(31)]. Essa concepção de aludidos direitos somente é viável em ordenamentos com constituição rígida provida do necessário controle de constitucionalidade das leis que permita a aplicação jurisdicional da carta constitucional, porquanto somente nessas condições é possível invocar direitos frente ao legislador[(32)]. Conciliando ambas concepções, o doutrinador

---

(28) FERRAJOLI, 2008, p. 38.

(29) ALEXY, 2006, p. 65-66.

(30) A respeito, Pérez Royo afirma: *Ainda que o Título I da Constituição [espanhola] leve por rubrica "Dos Direitos e Deveres Fundamentais", nem todo o que nele se contém são direitos e deveres fundamentais, nem todos os direitos que são fundamentais têm o mesmo estatuto constitucional.* (PÉREZ ROYO, 2010, p. 209).

(31) DÍEZ-PICAZO, 2008, p. 39.

(32) E complementa o autor, exageradamente: *tampouco tem muito sentido interrogar-se sobre se a jurisprudência poderia criar novos direitos fundamentais, carentes de base textual explícita na Constituição.* (DÍEZ-PICAZO, 2008, p. 59).

observa que, em ordenamentos como o anteriormente descrito (cite-se, por exemplo, os ordenamentos espanhol, brasileiro e português etc.), os direitos reconhecidos em normas com status constitucional tendem a coincidir com os direitos que se reputam como necessariamente universais.

Seguindo seu raciocínio, Alexy apresenta um conceito de lei fundamental vinculado a um critério relativo à forma de sua concretização no ordenamento jurídico constitucional, segundo o qual as disposições de direito fundamental, em primeiro lugar, são todas aquelas do capítulo da constituição intitulado "Os direitos fundamentais"(33), com independência do estabelecido por elas. Contudo, o que está coberto por este critério continua sendo demasiado estreito para alcançar uma definição sobre o tema, pois não há dúvida de que há uma série de outras disposições constitucionais que expressam normas de direitos fundamentais, identificadas precisamente por Friedrich Klein como "disposições periféricas associadas"(34)(35)(36)(37).

Evoluindo em seu pensamento, Alexy cita Carl Schmitt para definir os direitos fundamentais como *unicamente aqueles que são o fundamento do próprio Estado e que, por isso e como tais, são reconhecidos pela Constituição*(38). Enfatizando o assunto, uma definição mais concreta sustenta que as normas de direitos fundamentais são todas aquelas para as quais existe a possibilidade de um raciocínio correto relativo aos direitos fundamentais, que requerem um fundamento mais profundo para mostrar porque o que diz a Constituição é válido(39).

Por fim, referindo-se à jurisprudência estabelecida pelo Tribunal Constitucional Espanhol para melhor caracterizar os direitos fundamentais, registre-se que esses, pelo fato de estabelecerem uma relação jurídica entre

---

(33) Alexy, aqui, refere-se especificamente à Constituição alemã (*Grundgesetz für die Bundesrepublik Deutschland*), mas o conceito pode ser emprestado e utilizado para melhor compreensão do tema. (ALEXY, 2006, p. 65-66).

(34) KLEIN, Friedrich. Vorbemerkung. In: ALEXY, 2006, p. 68.

(35) Canotillo confirma esta tese ao concluir que os direitos reconhecidos e consagrados pela constituição são chamados "direitos fundamentais formalmente constitucionais", já que são enumerados e protegidos por normas com valor constitucional formal. No entanto, a Constituição Portuguesa admite outros direitos fundamentais constantes de leis e normas de direito internacional. São os direitos materialmente fundamentais. (CANOTILHO, 2010, p. 403).

(36) Para Pfaffenseller, as constituições não foram suficientes para deter a expansão dos direitos fundamentais, que passaram da esfera do direito interno ao campo internacional. (PFAFFENSELLER, 2007, p. 94).

(37) A este respeito, *vide* art. 5º, § 2º da CF/88, já mencionado.

(38) SCHMITT, Carl. Grundrechte und Grundpflichten (1932). In: ALEXY, 2006, p. 66.

(39) ALEXY, 2006, p. 76.

o cidadão e o Estado desde seu reconhecimento na Constituição, são permanentes e imprescritíveis[40].

Buscando elaborar uma definição original e refinada com base nas posições anteriormente expostas, e que servirá de base nesta dissertação, são considerados direitos fundamentais aqueles que, em determinado momento histórico, baseados no reconhecimento da dignidade da pessoa humana e expressos no texto das constituições democráticas, asseguram a cada homem as garantias de liberdade, igualdade, solidariedade, cidadania, paz e justiça[41][42]. Essa é a imagem maestra dos mencionados direitos, ou seja, o que identifica seu aspecto fundamental e seu predomínio sobre todos os demais ramos do Direito. Assim, cabe, em primeiro lugar, especificar os elementos da definição dos direitos fundamentais para um melhor entendimento do tema.

Direito é um vocabulário genérico que alberga tanto os direitos fundamentais como os demais, e designa qualquer faculdade ou poder atribuído à uma pessoa ou coletividade pela ordem jurídica estatal, que lhe assegura a possibilidade de reivindicá-lo sempre e quando não respeitado, ou mesmo para simplesmente preservá-lo. Já o termo fundamental, em seu significado léxico, compreende tudo o que serve de fundamento, que é necessário, atual[43].

Os direitos fundamentais repousam sobre o valor básico do reconhecimento da dignidade da pessoa humana. Não por outro motivo, o primeiro parágrafo do Preâmbulo da Declaração Universal de Direitos Humanos afirma que *o reconhecimento da dignidade intrínseca e dos direitos iguais e inalienáveis de todos os membros da família humana é o fundamento da liberdade, da justiça e da paz no mundo*. De idêntica maneira, a Carta dos Direitos Fundamentais da União Europeia (parágrafo segundo do Preâmbulo) declara que *a União [Europeia] está fundada sobre os valores indivisíveis e universais da dignidade humana, a liberdade, a igualdade e a solidariedade, e baseia-se nos princípios da democracia e do Estado de Direito.*

---

(40) ESPANHA, Sentença do Tribunal Constitucional STC n. 7/83.

(41) ROMITA, 2009, p. 51.

(42) A seu turno, Pérez Royo cita a Sentença do Tribunal Constitucional Espanhol n. 25/1981: *Em primeiro lugar, os direitos fundamentais são direitos subjetivos, direitos dos indivíduos não somente enquanto direitos dos cidadãos em sentido estrito, mas enquanto garantem um status jurídico ou a liberdade em um âmbito de existência. Mas ao próprio tempo, são elementos essenciais de um ordenamento objetivo da comunidade nacional, enquanto esta se configura como marco de uma convivência humana justa e pacífica, plasmada historicamente no Estado de Direito e, mais tarde, no Estado Social de Direito ou no Estado Social e Democrático de Direito, segundo a fórmula de nossa Constituição.* (PÉREZ ROYO, 2010, p. 202-203).

(43) BREGA FILHO, 2002.

Interessante ressaltar que mesmo o Direito Comunitário Europeu, consciente do patrimônio cultural, histórico, espiritual e moral de cada Estado-membro, não busca a criação de um direito fundamental comum de maneira ampla ou genérica, respeitando a diversidade de culturas e tradições dos diversos povos da Europa, assim como a identidade nacional dos países e a organização de seus poderes públicos no plano nacional, regional e local (terceiro parágrafo do Preâmbulo).

Por dignidade da pessoa humana compreende-se o valor supremo da democracia[44] e do Estado Democrático, sendo a própria fonte de todos os direitos. Com efeito, a filosofia racionalista, apoiando-se nas concepções humanistas, cristianas e renascentistas, postulou a dignidade da pessoa como limite ao poder estatal. O humanismo laico colocou no centro de seu sistema o conceito de dignidade humana fundado sobre a ideia de liberdade e igualdade dos cidadãos. A este respeito, qualquer tipo de regime (social, jurídico ou político) deverá ter em conta a dignidade da pessoa, pois esta é a única maneira de ser protegido e respeitado[45]. Importante registrar que a dignidade da pessoa humana é o verdadeiro pressuposto ou o próprio fundamento dos direitos humanos ou fundamentais: os direitos do homem[46] são, em definitivo, uma forma relativamente eficaz que os próprios homens estabelecem para concretizar determinadas exigências emergentes da ideia de sua dignidade.

É a necessidade de respeito à dignidade da pessoa que está na raiz do paradigma ético a ser observado por todo e qualquer ordenamento jurídico. *A consagração, a garantia, a promoção e o respeito efetivos dos direitos fundamentais constituem o mínimo ético que deve ser acatado por toda a sociedade e todo direito que desejem apresentar-se como uma sociedade e um direito justos*[47]. Assim, tem-se que o valor verdadeiramente primário da existência humana em sociedade está baseado no reconhecimento da dignidade da pessoa, o que impossibilita sua redução a simples coisa ou sua degradação em nível de um animal irracional.

Percebe-se que no âmbito europeu, a Carta dos Direitos Fundamentais da União Europeia (art. 1º, sob o título "Dignidade Humana") afirma que *a dignidade humana é inviolável. Será respeitada e protegida.* A explicação oferecida

(44) SILVA, 1998, p. 93-107.

(45) MANCILLAS. Disponível em: <http://www.monografias.com/trabalhos27/dignidade-pessoa/dignidade-pessoa.shtml> Acesso em: 15.7.2011.

(46) Deve-se registrar, com mera finalidade explicativa, que o termo "homem" é utilizado em sentido genérico e designa todo ser humano, sem qualquer distinção (em especial de gênero), considerando-se, ainda, que de outro titular diverso não há que se considerar.

(47) ROMITA, 2009, p. 160.

a respeito dessa declaração está baseada no fato de que *a dignidade da pessoa não é somente um direito fundamental em si, mas constitui a própria base dos direitos fundamentais. (...) Daí resulta que nenhum dos direitos inscritos [na Carta] pode prejudicar a dignidade de outros e que a dignidade da pessoa humana faz parte da substância dos direitos inscritos na Carta*(48). No mesmo sentido, as Constituições Espanhola(49), Brasileira(50) e Portuguesa(51) apresentam a dignidade da pessoa como fundamento dos direitos humanos nos Estados Democráticos do Bem-estar Social.

Convém ressaltar que a fundamentalidade formal das normas de direito fundamental é consequência direta de sua posição no ápice da estrutura do ordenamento jurídico, constituindo-se em direitos com eficácia imediata(52) e que vinculam diretamente todos os poderes públicos(53). Por outro lado, ditos direitos são substancialmente fundamentais porque, com eles, são tomadas as decisões sobre a estrutura normativa básica do Estado e da sociedade. Assim, apoiando-se nas fundamentalidades formal e substancial de referidos direitos, pode-se afirmar que eles desempenham um papel importante e central no sistema jurídico-constitucional(54)

Referindo-se à irradiação dos efeitos das normas fundamentais de ordem constitucional sobre todo o sistema jurídico, Alexy(55) ensina que aquelas contêm não somente direitos subjetivos de defesa ou de prestações do indivíduo ou da coletividade contra o Estado, mas, além disso, representam uma ordem objetiva de valores que serve como mandamento constitucional obrigatório(56) para todas os demais ramos do Direito e que,

---

(48) CARLIER; DE SCHUTER, 2002, p. 274.

(49) Constituição Espanhola, § 1º do art. 10, *in verbis*: *A dignidade da pessoa, os direitos invioláveis que lhe são inerentes, o livre desenvolvimento da personalidade, o respeito às leis e aos direitos dos demais são fundamentos da ordem política e da paz social.*

(50) Constituição da República Federativa do Brasil, art. 1º, III: *A República Federativa do Brasil, formada pela união indissolúvel dos Estados e Municípios e do Distrito Federal, constitui-se em Estado Democrático de Direito e tem como fundamentos: (...) a dignidade da pessoa humana.*

(51) Constituição da República Portuguesa, art. 1º: *Portugal é uma República soberana, baseada na dignidade da pessoa humana e na vontade popular e empenhada na construção de uma sociedade livre, justa e solidária.*

(52) PÉREZ ROYO, 2010, p. 202.

(53) Constituição Brasileira, art. 5º, § 1º, e Constituição Espanhola, art. 53.1.

(54) ALEXY, 2006, p. 520-523.

(55) Para essa conclusão, o autor baseia-se na jurisprudência reiterada do Tribunal Constitucional Alemão.

(56) Todos os atos contrários ao determinado pelos direitos fundamentais são passíveis de controle de constitucionalidade, conforme, por exemplo, o disposto no art. 102, I, "a", da Constituição Brasileira e no art. 53.1 da Constituição Espanhola.

por si só, oferece diretrizes para a legislação, a Administração e a jurisprudência[57].

Por fim, o reconhecimento dos direitos fundamentais resulta em proporcionar a todas as garantias contra atos, sejam originários do Estado ou de particulares, opressivos e arbitrários, aptos a agredir o valor básico da dignidade da pessoa.

I.3) Origem e evolução histórico-político-jurídica dos direitos fundamentais[58]

A historicidade e a mutabilidade dos direitos fundamentais são contínuos e fazem que seu processo de evolução seja constante. Novos direitos tendem a ser incorporados ao ordenamento jurídico, e os direitos fundamentais já assegurados tendem a ser interpretados e ajustados às novas realidades sociais com o fim de adaptar-se aos desejos e interesses da sociedade e conferir-lhes maior efetividade em sua importante tarefa de proteção dos indivíduos e daquela mesma[59].

Sem dúvida, o constitucionalismo não seria o que é sem os direitos fundamentais. A própria origem do Estado Democrático de Direito está intrinsecamente vinculada à garantia e à proteção daqueles[60]. Essa interdependência entre o constitucionalismo e o desenvolvimento dos direitos fundamentais traz um resultado inevitável e benéfico, quer dizer, a mutabilidade constante de ditos direitos e do constitucionalismo com o objetivo de satisfazer as necessidades da sociedade.

À sua maneira de ver, Bobbio destaca a historicidade, mutabilidade e constante necessidade de adaptação dos direitos fundamentais como maneira de ajustá-los às expectativas e interesses da sociedade em um determinado tempo e espaço. As pretensões humanas mudaram e surgiram novas demandas de garantia dos direitos fundamentais. Com razão, ensina o autor: *Os direitos humanos são uma classe variável, como a história dos últimos séculos mostra suficientemente. O elenco dos direitos do homem tem se transformado e segue modificando-se com a mudança das condições históricas, ou seja, das*

(57) ALEXY, 2006, p. 524-525.

(58) Tópico baseado em MARTINS, 2010, p. 6935-6948.

(59) Esta concepção é adotada pelo Supremo Tribunal Federal Brasileiro.

(60) A este respeito afirma Perez Luño: *Aí se dá um estreito nexo de interdependência, genética e funcional, entre o Estado de Direito e os direitos fundamentais, já que o Estado exige e implica, para sê-lo, garantir os direitos fundamentais, enquanto que estes exigem e implicam para sua realização o Estado de Direito.* (PEREZ LUÑO, 2007, p. 19).

necessidades e interesses das classes dominantes, dos meios disponíveis para alcançá-los, das mudanças técnicas etc. Direitos que foram declarados absolutos ao final do século XVIII, como a propriedade, foram submetidos a radicais limitações nas declarações contemporâneas; direitos que as declarações do século XVIII sequer mencionaram, como os direitos sociais, agora são proclamados em grande conta em recentes declarações[61].

Inicialmente, com respeito ao surgimento dos direitos em comento, é necessário traçar a história das principais formas de organização política da sociedade. Realizando o estudo desde a polis grega, verifica-se que a origem dos direitos fundamentais é recente, estando relacionada ao surgimento do Estado Moderno. De fato, na Grécia antiga, sequer existia a ideia de direitos humanos. A escravidão era permitida na polis grega e reduzia os escravos à condição de objetos, enquanto aos cidadãos era reconhecido o direito de viver livremente nela[62].

Durante o período romano, o cristianismo limitou-se a proclamar a igualdade dos homens perante Deus, dando protagonismo à dignidade humana sem que, todavia, esses pensamentos adquirissem efetivamente a condição de direitos humanos. A seu modo de ver, Canotilho assinala que, durante este período, a ideia de igualdade se restringiu à dimensão individual, limitando-se aos níveis teológico e filosófico, dado que ela não se converteu em uma categoria jurídica, capaz de verificar e garantir os direitos ao homem[63].

Na Idade Média, marcada pelo feudalismo, encontram-se os primeiros indícios da aparição dos direitos fundamentais do homem[64]. Em um cenário de diminuição dos poderes político e econômico devido à convivência, muitas vezes não harmônica, de três centros de poder distintos, quais sejam, os poderes monárquico, religioso e feudal, iniciou-se um processo de reconstrução da unidade política perdida com a falência do Império Romano para conferir o monopólio das forças à monarquia. Naquele momento, a busca da reconstrução da unidade política criou um cenário de luta pelo poder entre a nobreza e o clero, levando a uma futura separação institucional

---

(61) BOBBIO, 1992, p. 18.

(62) Martins afirma que naquele momento os escravos, bárbaros e mulheres eram considerados seres inferiores e, portanto, excluídos daquele sistema. (MARTINS, 2010, p. 6935).

(63) CANOTILHO, 2010.

(64) A propósito, Villei sustenta que a primeira vez que identificou a definição do termo "direito do homem" foi em um extrato do livro *Leviathan*, de Thomas Hobbes. *O Direito subjetivo natural — que os escritores têm o costume de chamar* jus naturale *— é a liberdade que todo homem possui (*each man*) de usar seu próprio poder como ele mesmo quiser.* (VILLEI, Michel. O direito e os direitos humanos. In: MARTINS, 2010, p. 6936).

entre Igreja e Estado. Os enfrentamentos entre estas duas classes sociais e os numerosos abusos cometidos permitiram a eclosão das primeiras manifestações destinadas a estabelecer e disciplinar os direitos, entre as quais se destacou, por suas contribuições ao desenvolvimento das liberdades públicas, a Carta Magna de 1215.

Neste contexto desenvolveram-se importantes fenômenos sociais que contribuíram para a aparição dos direitos fundamentais. O desenvolvimento da ética protestante e sua influência para o progresso do capitalismo impulsionaram o processo de reconhecimento e garantia de referidos direitos, considerando que era necessário garantir a propriedade privada e libertar os escravos, garantia que deu lugar à uma massa de indivíduos despossuídos, obrigados a vender sua força de trabalho para sobreviver, elementos esses sem os quais o capitalismo, sem dúvida, sucumbiria.

Desta forma, o advento do Estado Moderno foi o marco principal para o surgimento dos direitos fundamentais, quando desenvolveu-se, gradualmente, o processo de sua concretização de acordo com os interesses sociais da época. Desta maneira, Estado, constitucionalismo e direitos fundamentais, em uma constante relação de interdependência, integraram importante página do desenvolvimento da história da humanidade com respeito à proteção dos direitos humanos[(65)]. Com efeito, a necessidade de proteger os indivíduos contra as ações da monarquia despótica, por meio do estabelecimento de direitos exigíveis contra a ação estatal, justificou e motivou o desenvolvimento dos direitos fundamentais, que se converteram em verdadeiros obstáculos para a intervenção do Estado em certas esferas da vida privada, garantindo, por exemplo, os direitos à vida, liberdade, propriedade, entre outros.

A propagação do pensamento iluminista de então, assim como o desenvolvimento das teorias contratualistas e do jusnaturalismo racionalista[(66)] contribuíram para o surgimento do constitucionalismo e dos direitos fundamentais, em especial quanto ao fomento do processo de compêndio dos direitos naturais, por meio de sua inclusão nas declarações de direitos humanos e posterior inclusão nos textos constitucionais, tratando de dar-lhes maior eficácia com o fim de conferir maior proteção aos indivíduos[(67)].

---

(65) VILLEI, Michel. O direito e os direitos humanos. In: MARTINS, 2010, p. 6938.

(66) Bobbio ressalta que a concepção individualista significa que primeiro vem o indivíduo, que possui valor em si mesmo, e depois, o Estado, e não vice-versa, já que o Estado é feito pelo indivíduo, e não este pelo Estado. (BOBBIO, 1992, p. 60).

(67) Conforme destaca Bobbio, *Quando os direitos humanos eram considerados unicamente como direitos naturais, a única defesa possível contra sua violação pelo Estado era um direito igualmente natural, o*

De acordo com Pérez Luño(68), o cristianismo também contribuiu para o desenvolvimento dos direitos fundamentais ao proclamar a necessidade de reconhecer a unidade e a universalidade dos homens, os quais devem ter sua dignidade protegida pelo Estado, assim como ao afirmar que todos os seres humanos são iguais perante Deus. Para estes movimentos filosóficos, o indivíduo assume uma posição privilegiada frente ao Estado, que já não se concebe como um fim em si mesmo, convertendo-se no meio pelo qual os homens, em sociedade, realizam suas necessidades.

As teorias contratualistas, fundadas sobre diferentes concepções do contrato social, tiveram os objetivos principais de subverter a lógica jusnaturalista, legitimar racionalmente o exercício do poder por parte do Estado e justificar o submetimento dos indivíduos ao ordenamento jurídico, o que seria possível com o advento das constituições.

Inegável, portanto, que o pensamento iluminista contribuiu para o surgimento do constitucionalismo e o desenvolvimento dos direitos fundamentais, materializado por meio dos principais movimentos revolucionários burgueses do século XVIII(69) que foram os responsáveis pela gênesis das principais declarações do direito do homem até hoje vigentes.

A Declaração dos Direitos do Homem e do Cidadão de 1789 é de especial relevância para o desenvolvimento dos direitos fundamentais ao atribuir aos textos constitucionais a importante tarefa de garantir esses direitos e a separação dos poderes. Seu conteúdo foi incorporado nas constituições dos principais Estados Modernos, assim como constituiu a base das primeiras cartas constitucionais francesas de 1791 e 1793, razão pela qual é parte da história do constitucionalismo.

---

chamado direito de resistência. Mais tarde, nas constituições que reconheceram proteção jurídica de alguns destes direitos, o direito natural de resistência converteu-se no direito positivo de promover uma demanda judicial contrária aos próprios órgãos do Estado. E completa o autor: *Enquanto teorias filosóficas, as primeiras afirmações dos direitos do homem são simplesmente a expressão do pensamento individual: são universais em seu conteúdo, na medida em que se dirigem a um homem racional fora do espaço e tempo, mas são extremamente limitadas em relação à sua eficácia, na medida que são (na melhor das hipóteses) propostas para um futuro legislador.* (BOBBIO, 1992, p. 29-31).

(68) PEREZ LUÑO, 2007, p. 30.

(69) A este respeito, Comella afirma: *A revolução francesa utilizou o Estado para liberar os indivíduos dos restos de feudalismo que persistiam na sociedade. Assim, a Assembleia Nacional, que em agosto de 1789 aprovou a Declaração de Direitos do Homem e do Cidadão, em troca, foi antes de tudo um ato de liberação frente ao poder estatal, uma revolução que não transformou radicalmente as relações entre os particulares, as quais se desenvolviam já sob os esquemas de uma sociedade liberal.* (COMELLA, Victor Ferreres. La eficacia de los derechos constitucionales frente a los particulares. In: MARTINS, 2010, p. 6939).

Outra declaração de direitos que contribuiu ao desenvolvimento dos direitos fundamentais foi a Declaração do Estado de Virgínia de 1776[(70)], complementada *a posteriori*, em 1791, pelo *Bill of Rights*, conjunto de liberdades públicas e garantias constitucionais a favor dos cidadãos norte-americanos[(71)] cuja principal contribuição foi inserir o entendimento de que os direitos fundamentais, além de constituir limites à ação do Estado, eram limites também ao exercício da atividade legislativa devido à possibilidade de exercer o controle de constitucionalidade dos atos normativos[(72)].

Devido à esta concepção liberal dos direitos fundamentais, estes assumem o *status* de direitos individuais do homem livre frente ao Estado[(73)], anteriores e superiores a este, a quem compete reconhecê-los e protegê-los. São esferas da liberdade, das quais se derivam os direitos de defesa[(74)]. Assim, o constitucionalismo liberal estava baseado em dois pilares, a saber: os direitos fundamentais como limites do poder do Estado Liberal com relação ao indivíduo; e a separação dos poderes como mecanismo interno de controle recíproco entre o Executivo, o Legislativo e o Judiciário[(75)].

A afirmação do constitucionalismo transformou a compreensão dos direitos fundamentais, os quais adquiriram a qualidade de direitos públicos subjetivos, com fonte direta e imediata no texto das cartas magnas. Ao conquistar esta condição, estes direitos passaram a atuar também como limites reais à interferência estatal na esfera privada da liberdade dos indivíduos. A propósito, o fenômeno da constitucionalização trouxe consequências importantes para o ordenamento jurídico, dando-lhe unidade e

---

(70) Para Villalon, a história dos direitos fundamentais começa neste ano. (VILLALON, 1989, p. 41).

(71) Deve-se registrar que, originalmente, o *Bill of Rights* (Declaração de Direitos) incluía somente a proteção legal para os homens brancos, excetuando os afro-americanos e as mulheres. Depois de outras emendas constitucionais e de numerosos casos decididos pela Corte Suprema se estendeu os mesmos direitos a todos os cidadãos norte-americanos.

(72) Canotilho, citando Fioravanti, afirma que desde princípios do século XIX a constituição passou a ter como referência o Estado e não a sociedade, modificando de *constituição da República em constituição do Estado*. Isso ocorreu por três razões: quando, nos processos constituintes norte-americano e francês, foi criada a constituição como lei conformadora do corpo político, passou-se a entender que ela *"constituía" os "Estados Unidos" dos americanos ou o "Estado-Nação" dos franceses*. A segunda razão encontra-se baseada na separação Estado-sociedade. E, em terceiro lugar, a Constituição designa uma ordem — a *ordem do Estado*: o Estado passa a ser o ordenador da comunidade política, reduzindo a constituição a uma simples lei do Estado e de seu poder. (FIORAVANTI, Maurizio. Stato e constituzione. In: CANOTILHO, 2010, p. 88-89, destaques no original).

(73) SCHMITT, 1982, p. 170. In: MARTINS, 2010, p. 6940.

(74) CRUZ, Naranjo da, 2000, p. 40. In: MARTINS, 2010, p. 6940.

(75) Para maior aprofundamento sobre o tema, cumpre rememorar o antológico conteúdo do art. 16 da Declaração dos Direitos do Homem e do Cidadão.

sistematização. Devido a este fenômeno, as normas constitucionais converteram-se em fundamento das normas infraconstitucionais integrantes dos diversos setores do Direito.

Com o passar do tempo, verificou-se que a mera garantia de direitos de inclinação liberal não era suficiente para proporcionar uma proteção efetiva do indivíduo frente à intensificação das relações sociais, assim como ao desenvolvimento da industrialização e do capitalismo. Era necessário, além de conferir proteção aos direitos liberais, fomentar aos indivíduos as condições materiais para gozarem dos mesmos por meio da proteção dos direitos sociais e econômicos e, especialmente, para proteger a própria dignidade humana.

A este respeito, o desenvolvimento do capitalismo sob as bases do liberalismo econômico e do individualismo burguês, calcados na garantia extrema da liberdade e da propriedade, assim como na garantia de uma igualdade formal entre os indivíduos, criou condições favoráveis para a proliferação e o fortalecimento das relações de exploração do homem pelo próprio homem, problema este que o modelo de Estado abstencionista não podia resolver. A humanidade foi testemunha, durante as primeiras décadas do século XX, da desintegração da estrutura social. A explosão das duas Guerras Mundiais e a crise econômica mundial de 1929, o aumento das desigualdades sociais, a concentração do capital, a debilidade da proteção dos direitos fundamentais, eventos estes relacionados com o desenvolvimento irracional do capitalismo, assinalaram a necessidade de transformações urgentes.

Dada a situação criada, numerosas críticas foram formuladas em detrimento do individualismo que caracterizou o constitucionalismo liberal. A necessidade de uma reforma imediata do constitucionalismo naquele momento era latente, com o objetivo primordial de promover a redução das desigualdades sociais, eliminar o cenário de extrema exploração do homem pelo outro e proteger a dignidade humana. Concretizar os direitos de liberdade e propriedade sem criar os meios para que os indivíduos tivessem acesso aos mesmos, o que somente ocorreria com a garantia dos direitos sociais e econômicos[(76)], os tornaria carentes de eficácia[(77)].

---

(76) Confirmando esta afirmação, Sarmento ensina que *é importante, neste sentido, estabelecer que não há qualquer hierarquia entre os direitos individuais e os sociais e econômicos.* (SARMENTO, Daniel. Direitos fundamentais e relações privadas. In: MARTINS, 2010, p. 6943).

(77) Neste mesmo sentido, leciona Comparato: *A liberdade individual é uma ilusão sem um mínimo de igualdade social; e a igualdade social com os sacrifícios impostos aos direitos civis e políticos, engendra, muito rapidamente, novos privilégios econômicos e sociais.* (COMPARATO, 2001, p. 305).

A Constituição Mexicana de 1917 foi a primeira carta constitucional na que se inseriram disposições destinadas a proteger os direitos individuais e, ao mesmo tempo, os direitos sociais e econômicos, em um intento de promover a conciliação entre interesses de sentido individual e coletivo(78). A propósito, não se pode deixar de seguir a compreensão de Bobbio quando afirma que a Declaração Universal dos Direitos do Homem, de 1948, é que inicia a terceira e mais importante fase dos direitos fundamentais pois, além de sua universalidade, ela *põe em movimento um processo em cujo final os direitos humanos deverão ser não mais somente proclamados ou apenas idealmente reconhecidos, senão efetivamente protegidos, inclusive contra o próprio Estado que os tenha violado*(79).

Deve-se registrar que, no que diz respeito à proteção dos direitos fundamentais, a ampla afirmação dos direitos sociais e econômicos nos textos constitucionais também causou efeitos indesejáveis. Isto deveu-se à ambição desmesurada de promover a concretização de uma variedade de direitos fundamentais de aspecto social, o que impediu que estes fossem efetivos na prática. A constituição resultou em conjunto de promessas descumpridas, frustrando expectativas e aspirações da sociedade, estendendo a incredulidade na eficácia do texto constitucional.

Para maior aprofundamento quanto ao tema, observa-se que, com a globalização econômica e a consequente diminuição das distâncias devido aos avanços tecnológicos e desaparição das fronteiras nacionais, entre outros eventos recentes, acentuou-se a transformação do constitucionalismo social. A este respeito, o desenvolvimento das relações sociais, o aumento e envelhecimento da população, a aparição de novas demandas sociais devido ao processo de democratização política contribuíram para o aumento das pretensões sociais, pondo em evidência a incapacidade do Estado em promover todos os desejos de uma sociedade em visível processo de expansão. Ante a insuficiência estatal para garantir todos os direitos sociais iniciou-se, sob o aspecto socioeconômico, o processo de reformulação da organização estatal(80).

O pensamento neoliberal surge como uma alternativa. De acordo com sua ideologia, as políticas de intervenção estatal nas relações socioeconômicas privadas, em um esforço para organizar a conduta humana e redis-

(78) Em idêntico sentido, PEREZ LUÑO, 2007, p. 39.

(79) BOBBIO, 1992, p. 30.

(80) Conforme destaca Galdino, a incapacidade do Estado em promover, de forma ampla e ilimitada, os direitos sociais desejados pela sociedade levou à aparição de políticas sociais que favoreciam certas categorias sociais. É o que autores como Carvalho e Wolkmer chamam de *estadania*. (GALDINO, 2005, p. 173).

tribuir riquezas, trouxeram consigo consequências importantes para a liberdade individual, a força motriz da sociedade. A incorporação dos ideais do neoliberalismo na forma de organização do poder do Estado teve como um de seus principais objetivos o distanciamento do Estado de grande parte das relações econômicas privadas. A este respeito, o Estado recuperou à iniciativa privada o exercício daquelas atividades econômicas que antes consideravam-se de menor importância, e manteve-se no exercício ou no controle das atividades econômicas que representam os interesses estatais por razões de soberania[(81)].

Quanto ao processo de evolução dos direitos fundamentais, a nova sociedade globalizada passa a demandar a proteção dos interesses de toda a coletividade, integrada em níveis nacional e internacional. E é neste contexto que vêm a ser reconhecidos e incorporados nas constituições os chamados direitos de solidariedade e fraternidade, que se caracterizam como direitos de natureza eminentemente coletiva e difusa, como o direito ao meio ambiente, direitos do consumidor, direito à proteção do patrimônio nacional e cultural.

Devido à pertinência com o assunto, registra-se que tanto a periodização do desenvolvimento capitalista como a luta pelos direitos humanos ocorreram nos países centrais, de grande importância no cenário mundial daquela época. Nas sociedades de crescimento mediano, como Espanha e Portugal, ou em franco desenvolvimento econômico, como Brasil, submetidas a períodos de autoritarismo seguidos por transições que permitiram a construção de regimes democráticos, a luta pelos direitos civis e políticos foi mais tardia e acidentada. Pode-se dizer, também, que somente nas últimas décadas tem-se ampliado significativamente os direitos socioeconômicos-culturais, enquanto os denominados direitos da terceira geração são apenas emergentes.

Por fim, ao analisar o regime constitucional democrático de direito, verifica-se o papel desempenhado pelo mesmo em relação à aplicação eficaz dos direitos fundamentais, insistindo em sua responsabilidade de continuar a busca da realização dos direitos liberais e sociais que não passaram de promessas descumpridas durante os períodos constitucionais anteriores. Os direitos fundamentais, como parte da ciência jurídica, estão em constante evolução, em uma busca incessante para adaptar-se aos desejos e demandas de uma sociedade em rápida expansão e transformação. Deste modo, a historicidade e a mutabilidade dos direitos fundamentais tornam sem fim seu processo evolutivo.

---

(81) Este não é outro que o conceito de Estado subsidiário.

O tempo passará, a sociedade terá profundas transformações, novos direitos serão incorporados nos ordenamentos jurídicos, e direitos já assegurados serão interpretados em ajuste às novas realidades sociais neste importante processo de sua adaptação aos desejos e interesses da sociedade. As pretensões humanas mudarão e, em consequência, surgirão novas demandas de garantia dos direitos fundamentais. Neste marco, os direitos fundamentais, especialmente os de ordem social, necessitam ser observados sob novas perspectivas que apontam a dar-lhes maior eficácia para a proteção dos indivíduos e da sociedade. Somente a partir da compreensão deste novo enfoque dos direitos fundamentais é que será possível a ampliação da proteção dos indivíduos.

I.4) Classificações e funções dos direitos fundamentais

É digno de nota que acerca dos direitos fundamentais existem múltiplas classificações mas, de fato, esta variedade é mais aparente que real, pois incide mais sobre as preferências terminológicas e ideológicas dos estudiosos da matéria que sobre os critérios tipológicos, possuindo um valor mais acadêmico que prático.

Tomando emprestado os conhecimentos de Díez-Picazo[(82)], os direitos fundamentais podem ser classificados, por sua função, em três importantes grupos. Os direitos civis têm por finalidade garantir determinados âmbitos de liberdade de atuação ou autonomia, nos quais o Estado não deve interferir (liberdade de expressão, direito à integridade física, liberdade de associação etc.). Direitos políticos são aqueles que garantem a gestão democrática dos assuntos públicos (direitos de sufrágio, de acesso aos cargos públicos, de petição etc.). Quanto aos direitos sociais, sua importância reside no fato de garantir condições de vida digna (direitos à educação, à saúde, à alimentação, ao trabalho, à moradia, à segurança, à proteção à maternidade e à infância, à previdência social[(83)]). Cada um destes três grupos de direitos corresponde, respectivamente, às exigências do Estado de Direito, do Estado Democrático e do Estado Social.

Por sua estrutura, os direitos fundamentais classificam-se segundo a natureza da faculdade que outorgam a seu titular. Assim, podem ser direitos de defesa, que facultam exigir uma não interferência; direitos de participação, que permitem realizar atos com relevância pública; ou direitos

(82) DÍEZ-PICAZO, 2008, p. 43-45.

(83) Conforme dispõe a Constituição da República Federativa do Brasil em seu art. 6º.

de prestação, que possibilitam reclamar um beneficio. Díez-Picazo afirma, quanto ao assunto, que *não existe uma correspondência perfeita entre os critérios funcional e estrutural; ou seja, nem sempre os direitos civis coincidem com os direitos de defesa, os direitos políticos com os direitos de participação, e os direitos sociais com os direitos de prestação*[(84)].

Deixando momentaneamente de lado o tema das classificações, e adentrando ao da identificação das funções que cumprem os direitos fundamentais na esfera jurídico-política, estas são, em suma, duas: uma de proteção e outra de legitimação.

Assim, a função de proteção é a mais evidente e, certamente, prioritária: os direitos fundamentais originam-se como instrumentos de salvo-conduto do indivíduo frente aos poderes públicos estatais (Legislativo, Executivo e Judiciário) considerados em todos seus níveis (nacional, regional, local). A integridade da função protetora é alcançada quando os direitos fundamentais vinculam também o legislador por meio de um efetivo sistema de controle de constitucionalidade das leis (como ocorre no Brasil e na Espanha, por exemplo). A função de legitimação, a seu turno, consiste em que os direitos fundamentais operam como critérios para distinguir o justo do injusto a respeito da organização ou atuação política. Citando Díez-Picazo[(85)], *sem respeito aos direitos fundamentais, não pode haver democracia constitucional nem tampouco, sequer, concordância civil.*

I.5) Gerações ou dimensões dos direitos fundamentais

Os teóricos dos direitos fundamentais, em geral, referem-se à existência de gerações ou dimensões de direitos para explicar seu processo de evolução ao longo da existência do Estado Moderno. À primeira vista, se o modelo geracional ou dimensional de classificação destes direitos aporta a vantagem de facilitar a compreensão do fenômeno da evolução dos mesmos por ser didático, há que sinalizar que o mesmo não é uniforme nem preciso, assim como o fato de que estes modelos nem sempre explicam adequadamente a evolução histórico-temporal dos direitos fundamentais em todas as organizações estatais[(86)].

Com efeito, a grande maioria dos teóricos constitucionalistas tem preferido adotar o modelo geracional ou dimensional segundo o qual os

(84) DÍEZ-PICAZO, 2008, p. 45.
(85) DÍEZ-PICAZO, 2008, p. 45.
(86) MELLO, 2001, p. 239.

direitos fundamentais dividem-se em três gerações: os de primeira geração (direitos individuais e políticos, ou direitos da *liberté*); os de segunda geração (direitos sociais e econômicos, ou direitos da *égalité*); e os de terceira geração (direitos da fraternidade ou solidariedade ou, ainda, direitos à *fraternité*, completando a trilogia da Revolução Francesa), havendo, inclusive, aqueles que apoiam a existência de uma quarta geração de mencionados direitos (os chamados direitos à democracia, ao pluralismo e à informação[(87)]).

De todos os modos, cabe assinalar que a construção de um modelo de direitos fundamentais geracionais comporta uma série de críticas[(88)]. Por si só, cabe sinalizar que nem sempre o processo de incorporação dos direitos fundamentais nos textos constitucionais materializou-se de acordo com a cronologia proposta pelo modelo geracional, havendo situações de retrocesso em que, se bem os direitos sociais eram efetivamente garantidos, os direitos individuais e políticos foram restringidos dramaticamente pelos regimes totalitários que chegaram ao poder[(89)]. Assim, por se tratar de denominação semântica, será adotado neste estudo a nomenclatura mais usual na doutrina, qual seja, "gerações" ou "dimensões" do direito.

I.6) Posições do Estado frente aos direitos fundamentais

Os direitos fundamentais podem ser visualizados sob uma dupla óptica relativa à posição do Estado. Como direitos de defesa, ou de proteção[(90)], constituem-se em garantias à tutela estatal contra agressões de particulares ou do próprio poder público. Na primeira versão, o Estado obriga-se a garantir os direitos de qualquer pessoa contra a agressão perpetrada por terceiros, quando invocado seu dever de proteção sob o imperativo de tutela. Quanto à segunda faceta, citando os ensinamentos de Alexy, costumam ser os direitos dos cidadãos, contra o Estado, a ações estatais negativas, devendo este último respeitar os direitos de qualquer indivíduo contra investidas

---

(87) A respeito, BONAVIDES, 2008, e COMPARATO, 2001.

(88) Alguns autores, como Romita, utilizam as expressões "família", "naipe" ou "grupo" para designar os direitos fundamentais por não se tratarem de gerações, que se sucedem com o passar do tempo, umas tomando o lugar das outras. Pelo contrário, segundo o autor: *a revelação dos direitos de determinado naipe não faz desaparecer os outros, uma vez que os diferentes grupos de direitos fundamentais existem simultaneamente, sendo impensável a supressão dos direitos de primeira e segunda "gerações" pelo fato de se revelar uma terceira geração.* (ROMITA, 2009, p. 160).

(89) Basta recordar, no século passado, as histórias dos constitucionalismos brasileiro, espanhol, português e alemão.

(90) Este é o termo utilizado por Alexy. (ALEXY, 2002, p. 24-25).

do próprio poder público. Estas ações estatais podem dividir-se em três grupos: o primeiro, consistente no direito a que o Estado não impeça ou dificulte determinadas ações do titular do direito fundamental; o segundo, incluindo o direito a que o Estado não afete certas características ou situações do titular do direito; e, finalmente, o terceiro grupo, onde se situa o direito a que o Estado não elimine certas posições jurídicas do titular do direito(91).

Em segundo lugar, mas com igual importância, estão os direitos que o cidadão possui, contra o Estado, a ações positivas por parte deste, e que podem ser divididos em duas classes: uma que tem por objeto ações fáticas e outro cujo objeto é uma ação normativa-legislativa. Quando se trata de direitos a prestações faz-se referência, em geral, às ações positivas realizadas pela Administração Pública. Tais direitos, que se referem a prestações de fato que, em essência, também poderiam realizar-se por particulares, devem ser designados como direitos a prestações estatais em sentido estrito(92).

Assim que, no Estado Democrático de Direito, o constitucionalismo é o próprio assegurador dos direitos fundamentais, devendo formular as técnicas de garantias idôneas a assegurar o máximo grau de efetividade daqueles. Esta posição de garantidor faz do Estado instrumento a serviço da proteção da essencialidade mesma dos direitos.

I.7) Possibilidades restritivas dos direitos fundamentais nas relações de direito privado e de direito público. Margem de utilização do princípio da ponderação pelos poderes públicos estatais

Na verdade, é de todo modo aceita a ideia de que as normas de direitos fundamentais produzem efeitos tanto em direção aos poderes públicos, como visto anteriormente, onde a relação Estado/indivíduo é uma ligação vertical entre um titular de direitos fundamentais e um não titular, quanto nas relações entre os indivíduos, quer dizer, frente a terceiros, numa verdadeira conexão horizontal.

Quanto a este último aspecto, destaca-se que a relação indivíduo/indivíduo, de direito privado, é uma correspondência entre titulares de direitos fundamentais(93) aceitando, por conseguinte, uma modulação da

(91) ALEXY, 2006, p. 198.
(92) ALEXY, 2006, p. 201.
(93) DÜRIG, Gunther. Vorbemerkung. In: ALEXY, 2006, p. 528.

intensidade de seus efeitos, já que a medida destes efeitos é, em última instância, uma questão de valoração[(94)(95)]. Esta valoração pode levar a regras relativamente genéricas, segundo as quais, em certas áreas do direito privado, determinados direitos fundamentais podem ceder totalmente ou em grande medida[(96)].

À primeira vista, restringíveis são os bens (liberdades, situações ou posições do direito comum) protegidos pelos direitos fundamentais e as posições *prima facie* garantidas por seus princípios. Uma norma de direito fundamental somente pode ser uma restrição a outro direito fundamental se isso se compatibiliza com a ideia mestra da constituição[(97)(98)]. A propósito, é de suma importância ressaltar que há que se dar ao valor ou ao bem jurídico em jogo a máxima efetividade que permitem as circunstâncias do caso concreto. Nos casos em que o valor ou o bem jurídico a otimizar entra em colisão com outro, essa valoração somente é possível com a utilização da técnica de ponderação, que se trata, em síntese, de avaliar as razões a favor de um valor ou outro, buscando encontrar o ponto de equilíbrio entre ambos que resulte mais oportuno para o caso analisado. Dessa forma, para afastar o risco de uma interpretação subjetiva, a técnica de ponderação deve ajustar-se às exigências simultâneas da necessidade, adequação e proporcionalidade[(99)].

Em um primeiro plano, é imprescindível realizar uma cuidadosa análise das características fáticas e jurídicas do caso concreto, não somente para precisar onde e como se produz o choque entre valores, mas também porque pode ocorrer que um exame atento permita solucionar o caso sem sacrificar um valor a outro. Portanto, a intervenção deve ser necessária quando não couber uma medida alternativa menos gravosa para o interessado. Em segundo lugar, verificado que não há solução possível à margem da colisão entre valores, deve-se determinar qual deles é mais digno de proteção. A este respeito, há que se precisar o grau em que cada um dos valores em jogo se vê afetado, assinando prioridade àquele que põe em risco aspectos mais próximos a seu núcleo central de significado e

---

(94) NIPPERDEE, Hans C. Vorbemerkung. In: ALEXY, 2006, p. 532.

(95) A respeito, para Díez-Picazo, *"ponderar" equivale a "sopesar"*. (DÍEZ-PICAZO, 2008, p. 54).

(96) ALEXY, 2006, p. 522.

(97) ALEXY, 2006, p. 281.

(98) Alexy considera que os direitos fundamentais são restrições à sua própria restringibilidade. (ALEXY, 2006, p. 296).

(99) DÍEZ-PICAZO, 2008, p. 54-56 e 122.

conteúdo[100][101]. Por conseguinte, a intervenção deve ser adequada para alcançar o fim proposto.

Por fim, e em igualdade de importância, há que se consignar que o resultado da ponderação não tem que ser necessariamente a preponderância absoluta de um dos valores à custa do completo martírio do outro, devendo o intérprete esforçar-se em encontrar o ponto proporcional de equilíbrio justo entre os valores opostos. Díez-Picazo assegura que *o critério a seguir vem dado (...) pelo princípio de proporcionalidade [em sentido estrito], que exige (...) que o valor ou bem jurídico sacrificado o seja unicamente na medida necessária para dar efetividade àquele que goza de prioridade; e, portanto, à igual efetividade, deve preferir-se sempre a solução menos gravosa*[102]. Em outras palavras, em nenhum caso deve supor-se um sacrifício excessivo do direito ou interesse sobre o que se produz a intervenção pública[103][104].

Com uma ótica semelhante deve ser tratado o tema quando se está analisando a relação vertical existente entre Estado e indivíduo. Sob este outro ponto de vista (de direito público), a Administração e o legislador têm uma certa margem (relativa) para a fixação de fins dos direitos fundamentais quando estes contêm uma reserva de competência que deixa abertas, ou ao menos as menciona, as razões para que os poderes estatais intervenham, não determinando que esta intervenção se produza, senão permitindo que se suceda em hipótese em que concorram referidas causas. No primeiro pressuposto (liberdade ampla para a intervenção), os órgãos estatais competentes possuem a faculdade de escolher, por si mesmos, se intervêm no direito fundamental, e em razão de que fins, propósitos ou princípios o fazem. Neste caso, a margem para a fixação de fins se mostra em sua máxima expressão (apesar de não ser absoluta). Na segunda hipótese (reserva de intervenção do Estado), a constituição deixa nas mãos do administrador ou do legislador a decisão de fazer seus os fins, propósitos

---

(100) De conformidade com Alexy, está proibida qualquer violação destes direitos em seu conteúdo essencial. (ALEXY, 2006, p. 296).

(101) A respeito do conteúdo essencial e da reserva de lei dos direitos fundamentais, o art. 53.1 da Constituição Espanhola dispõe, *in verbis*: *Somente por lei, que em todo caso deverá respeitar seu conteúdo essencial, poderá regular-se o exercício de tais direitos e liberdades.*

(102) DÍEZ-PICAZO, 2008, p. 55-56.

(103) Friedrich Klein e Mangoldt propõem uma interpretação objetiva, segundo a qual se proíbe que *a validez de uma disposição de direito fundamental seja de tal maneira reduzida que faz-se insignificante para todos os indivíduos ou para a maioria deles ou, ainda, para a vida* social. (KLEIN, Friedrich; VAN MANGOLDT, Hermmann. Das bonner grundgesetz. In: ALEXY, 2006, p. 297).

(104) Alexy sinaliza que as restrições que respeitam ao máximo o sub-princípio da proporcionalidade não violam a garantia do conteúdo essencial nem mesmo se, em um determinado caso concreto, nada restar do direito fundamental. (ALEXY, 2006, p. 297-298).

ou princípios enunciados na cláusula que estabelece a reserva de intervenção, caso queira intervir no direito fundamental[105].

Considerando outra margem de ação, ou seja, a margem para a eleição de meios, este se apresenta quando os direitos fundamentais não só proíbem determinadas intervenções legislativas ou administrativas, mas também ordenam a execução de algumas condutas positivas, como quando se trata dos deveres de proteção ou de defesa[106]. Portanto, a decisão do ente estatal depende da prática de diferentes ponderações e da possibilidade de identificar em que medida diversos meios e fins favorecem ou prejudicam os princípios fundamentais em jogo. Esta circunstância conduz à margem para a ponderação[107].

A este respeito, o princípio da proporcionalidade contem três vértices: idoneidade, necessidade e proporcionalidade em sentido estrito. A propósito, a idoneidade e a necessidade expressam a pretensão, baseada no direito fundamental, de alcançar sua maior realização possível de acordo com as possibilidades fáticas. Algo similar pode-se afirmar validamente sobre a proporcionalidade *stricto sensu*, a qual exige que, entre dois ou mais meios igualmente idôneos, seja escolhido o mais benigno para o direito fundamental afetado[108].

Assim que, considerados como verdadeiros mandados de otimização, os direitos fundamentais exigem que lhes sejam atribuídos a maior realização possível em relação às possibilidades fáticas e jurídicas. Quanto maior o grau da satisfação ou de afetação de um desses princípios, maior deve ser a importância da satisfação do outro[109]. *A priori*, também nessa hipótese a ponderação pode dividir-se em três passos. Primeiro, é preciso definir o grau da não satisfação ou de afetação de um dos direitos fundamentais. Logo, define-se a importância da satisfação do princípio fundamental que se encontra em sentido contrário. E, finalmente, deve-se definir se a importância da satisfação do direito fundamental contrário justifica a afetação ou a não satisfação do outro valor ou bem em jogo[110].

Por todo o exposto, admitir que os poderes públicos (em especial, o Legislativo e o Executivo) dispõem de uma margem de ação estatal significa afirmar a possibilidade que tais direitos não sejam cumpridos em sua totalidade, o que, desde o ponto de vista adotado nesta dissertação, resulta inadmissível.

---

(105) ALEXY, 2006, p. 24-25.

(106) ALEXY, 2006, p. 24-25.

(107) Aqui o termo é utilizado no sentido de proporcionalidade dos meios e fins.

(108) ALEXY, 2006, p. 26-28.

(109) ALEXY, Robert. Teoria dos direitos fundamentais. In: ALEXY, 2002, p. 31.

(110) Alexy atribui a isso o conceito de "intensidade da intervenção". (ALEXY, 2002, p. 32).

I.8) Direitos fundamentais na Constituição Espanhola[111]

Importante ressaltar, como anteriormente feito, que os diversos ordenamentos jurídicos dos Estados Democráticos conferem aos direitos notas valorativas com características diferentes, de acordo com suas histórias, culturas, entre outros tantos fatores. Sob este prisma, destaca-se no presente estudo a visão constitucional espanhola dos direitos fundamentais, fazendo breve comparação com a previsão brasileira sobre o tema.

À primeira vista, poder-se-ia dizer que somente os direitos reconhecidos nos arts. 15 ao 29 sob o título "Dos Direitos Fundamentais e das Liberdades Públicas" da Constituição Espanhola seriam fundamentais, enquanto que não o seriam os reconhecidos nos arts. 30 ao 52. Entretanto, isto não é de todo verdade, pois, como ensina Pérez Royo, a Constituição Espanhola reconhece com notas distintivas de direitos fundamentais não somente referidos direitos da Seção Primeira do Capítulo II do Título I (arts. 15 ao 29), como também os da Seção Segunda (arts. 30 ao 38), ou seja, todos os direitos contidos no Capítulo II, inclusive o direito à igualdade (art. 14), ainda que este seja fundamental de uma maneira *sui generis*[112].

Assim, o referido autor reconhece que se todos os direitos definidos entre os arts. 14 e o 38[113] são direitos fundamentais na ordem constitucional espanhola e têm, portanto, a mesma natureza, isso não quer dizer que tenham o mesmo estatuto constitucional, uma vez que o constituinte distribuiu os direitos fundamentais em duas seções distintas porque pretendeu atribuir consequências jurídicas à aludida distribuição, reservando o adjetivo "fundamentais" unicamente para os direitos reconhecidos entre os arts. 15 e 29. Estes são, portanto, os únicos direitos nominalmente fundamentais da Constituição Espanhola.

Com referência aos direitos previstos no Capítulo III do Título I da Constituição de 1978, enunciados como Princípios Regentes da Política Social e Econômica (arts. 39 ao 52), Pérez Royo os denomina de "não direitos

---

(111) Este tópico foi mantido nesta obra para preservar a integridade do estudo comparativo entre as visões constitucionais entre Brasil e Espanha.

(112) PÉREZ ROYO, 2010, p. 210-212.

(113) Posição também sustentada por Villalon baseando-se nas sentenças do Tribunal Constitucional Espanhol STC n. 76/83 e STC n. 160/87. (VILLALON, 1989, p. 36).

fundamentais". Acrescenta que, ainda que estas normas *figurem no Título dos direitos e deveres fundamentais, neste Capítulo não se reconhecem direitos fundamentais no sentido em que se utiliza esta expressão no constitucionalismo ocidental*. E fulmina o prestigiado constitucionalista espanhol: *Não vinculam, senão que orientam a ação dos poderes públicos. Não são alegáveis ante os Tribunais senão "de acordo com a lei que os desenvolva". Na medida em que nas normas do Capítulo III se reconhecem direitos, trata-se de direitos de configuração legal, mas não constitucional*(114).

Neste mesmo sentido, Díez-Picazo sustenta que não se pode invocar diretamente os direitos oriundos dos princípios regentes em virtude do exposto no art. 53.3 da Constituição Espanhola. Assim, estes direitos não gozam de proteção jurisdicional reforçada(115). Isto não significa, seguindo a lição do autor, que aqueles tenham um caráter meramente programático, já que o texto constitucional goza, em sua integralidade, de força normativa (art. 9º). Os princípios regentes da política social e econômica são substancialmente objetivos que devem perseguir os poderes públicos e, em definitivo, diretrizes para o legislador. Ele implica que as disposições do mencionado Capítulo III têm, ao menos, a força normativa mínima de qualquer preceito constitucional, ou seja, podem operar como regra de constitucionalidade das leis. A este respeito, os princípios regentes da política social e econômica têm outra faceta, muito menos visível, que lhes salva, em todo caso, de serem simplesmente enfáticas promessas descumpridas: não deixam de encarar determinados valores ou bens jurídicos constitucionalmente dignos de proteção. Desta maneira, estes direitos têm uma notável importância em sede de interpretação, pois a presença de valores constitucionais expressamente reconhecidos facilita a ponderação(116).

Referida posição também é defendida por Cruz Villalon: *Com o que não se ganha nada, e mais bem se perde muito em precisão conceitual, é com a incorporação do capítulo terceiro aos «direitos fundamentais». Isso não quer dizer que os direitos aí reconhecidos não possam ser tanto ou mais importantes que os do capítulo segundo. O único que se afirma é que não são subsumidos dentro dos direitos fundamentais com a virtualidade que se pretende para esta categoria. Por exemplo, não parece articulável uma tutela judicial do direito à cultura nem parece formulável um «conteúdo essencial» deste direito que se reconhece no art. 44.1 da Constituição Espanhola*(117).

(114) PÉREZ ROYO, 2010, p. 210-212.
(115) DÍEZ-PICAZO, 2008, p. 58-59.
(116) DÍEZ-PICAZO, 2008, p. 68-69.
(117) VILLALON, 1989, p. 39.

Em que pese o brilho dos ensinamentos dos festejados autores citados, não se pode desconsiderar que as disposições traduzidas nos arts. 39 ao 52 da Constituição Espanhola venham descritas como ordens ao poder estatal[(118)], e não como faculdades orientadoras. A simples vista, percebem-se as disposições imperativas dispostas nos referidos artigos, o que demonstra a intenção do legislador constituinte em vincular a atividade pública com fins de maximizar a satisfação social.

Também criticando a Carta Magna da Monarquia Constitucional Democrática Espanhola de 1978, Sánchez leciona que *o que segue não pode ser senão o memorial das incongruentes tomadas de posição de uma Constituição que parece desenhada para reconhecer direitos sociais e ao mesmo tempo desativá-los.* E continua o autor: *A Constituição Espanhola de 1978 não contempla, a rigor, a categoria "direitos sociais". A expressão está retorcida, e reproduz em termos dogmáticos a suposta emergência histórica sucessiva, ou "por ondas", de umas gerações de direitos que pareciam descrever uma parábola descendente quanto à sua "fundamentalidade" ou regime de garantias. (...) Parece que os textos constitucionais não são muito dados a falar de direitos sociais; quiçá porque se trata de uma expressão desacreditada (...).* E conclui o autor referindo-se ao fato de que as leis informadas pelos direitos sociais não seriam suscetíveis ao controle de constitucionalidade: *algo tão manifestamente falso à luz das disposições que regulam tal procedimento de controle em nosso sistema de jurisdição constitucional, que não precisa de maiores comentários*[(119)].

O que se percebe é que, transcorridos mais de trinta anos desde a aprovação da Constituição de 1978, o constante desenvolvimento dos chamados princípios regentes da política social e econômica significou um impressionante acervo normativo que por si só desafia a ideia do anômalo estatuto constitucional de direitos formulados como simples princípios regentes, mas que somente chegam a sê-los na medida e com as condições que o legislador estabeleça. Afirma Sánchez que *se o efeito cadeia de trinta anos de desenvolvimento normativo não bastara para reforçar o estatuto jurídico dos direitos sociais, todavia poderíamos concluir sinalizando um recente dado da vida constitucional espanhola que engorda mais a linha que separa fatalmente os (genuínos) direitos fundamentais dos (autoproclamáveis) direitos sociais. Refiro-me,*

---

(118) Como exemplos, pode-se citar: *Os poderes públicos "promoverão" as condições favoráveis para o progresso social e econômico* (art. 40). *Os poderes públicos "manterão" um regime público de Previdência Social para todos os cidadãos* (art. 41). *O Estado "velará" especialmente pela salvaguarda dos direitos econômicos e sociais dos trabalhadores* (art. 42). *"Compete" aos poderes públicos "organizar e tutelar" a saúde pública* (art. 43). *Os poderes públicos "promoverão" as condições necessárias e "estabelecerão" as normas pertinentes para fazer efetivo [o direito] a desfrutar de uma moradia digna e adequada* (art. 47). Destaques do autor.

(119) SÁNCHES, 2009, p. 98-99 e 102.

como se adivinha, à impressionante pujança que estes últimos vêm cobrando na onda de reformas dos Estatutos de Autonomia[(120)]. *(...) Em todos eles (...) — ainda que na realidade seria mais apropriado falar em todos os casos da elaboração de novos Estatutos — a inclusão de uma declaração de direitos tem-se convertido em um dos eixos motrizes do impulso reformador*[(121)].

Este registro faz-se importante porque, como se verá no próximo Capítulo, no vigente constitucionalismo brasileiro as normas de caráter social têm garantidas as características dos direitos fundamentais e, desta forma, possuem e são tratadas com a dignidade e consequências que lhes são atribuídas.

---

(120) O autor menciona os Estatutos da Comunidade Valenciana (Lei Orgânica n. 1/2006), de Catalunha (Lei Orgânica n. 6/2006), das Ilhas Baleares (Lei Orgânica n. 1/2007), da Andaluzia (Lei Orgânica n. 2/2007), de Aragão (Lei Orgânica n. 5/2007) e de Castilha e Leão (Lei Orgânica n. 14/2007).

(121) SÁNCHES, 2009, p. 104.

Capítulo II

Direitos Sociais e Necessidades Humanas Básicas: a Dimensão Social dos Direitos Humanos

Considerações sobre sua dignidade fundamental no ordenamento constitucional brasileiro

A atividade social não é como a arte, a religião e a filosofia, uma manifestação pura de criação do espírito, pois o reconhecimento do significado real da atividade social para a vida humana implica necessariamente não somente a compreensão desta atividade, senão também a possibilidade de sua direção[122].

II.1) Conceito de direitos sociais

Os direitos sociais são direitos que, sem negar a validade dos direitos da primeira geração, vinculam-se ao segundo termo do tríptico da Revolução Francesa de 1789: *égalité*. Pretendem superar a noção de igualdade meramente formal e fictícia preconizada pela concepção liberal por intermédio da afirmação da igualdade real. Surgem como produto da questão social, típica dos países industrializados europeus no século XIX.

(122) CANOTILHO, 2008, p. 20.

O empobrecimento de grandes massas da população[123], principalmente nas concentrações urbanas, determinou a necessidade de intervenção estatal com o objetivo de diminuir os graves desajustes sociais que ameaçavam a própria estabilidade do regime capitalista.

São chamados direitos sociais porque não concebem a pessoa como ser humano único (concepção abstrata), mas sim como o indivíduo que se relaciona com o grupo em que convive (concepção concreta). São os direitos pertinentes à gama de relações sociais formada pela pessoa no meio em que atua como trabalhador, membro de comunidades, participante de coletividades, entre outros, sem as quais não poderia desenvolver suas potencialidades nem desfrutar dos bens econômicos, sociais e culturais a que aspira[124]. Desta forma, são os direitos relacionados, por exemplo, no art. 6º (e outros a ele correlacionados) da Constituição Brasileira de 1988, assim como nos arts. 17, 19, 27, 33, 35, 39 ao 52[125] da Constituição Espanhola de 1978: a educação (inclusive a sanitária, física e desportiva); a saúde (preventiva e curativa); a alimentação; o trabalho e o pleno emprego (inclusive a reabilitação profissional); o ócio; a cultura; a moradia; o meio ambiente; a segurança; a proteção à maternidade, à infância, à juventude, à terceira idade e à família; a previdência social; a assistência aos desamparados (inclusive os deficientes físicos, sensoriais e psíquicos), entre outros. Estes direitos resultam da sociabilidade do ser humano e têm em vista objetivos de promoção do bem-estar, da comunicação e da cultura[126].

Ao contrário dos direitos de primeira geração, que preconizam o abstencionismo do Estado (ou que admitem sua intervenção apenas em caso de falta de respeito a aludidos direitos), os direitos de segunda dimensão exigem, habitualmente, uma prestação positiva do ente estatal e se inspiram nos princípios da justiça social, que somente o Estado tem condições de realizar com a aplicação de políticas públicas aptas a tornar efetivo o gozo dos mesmos. *Os direitos sociais são garantias positivas (...) em favor dos grupos sociais, da sociedade e de suas manifestações. O papel do Estado aqui não é negativo, de abstencionismo, de omissão; pelo contrário, manifesta-se*

---

(123) Alexy considera que para aquele que se encontra em uma situação de necessidade, os direitos sociais fundamentais não são totalmente sem valor. É exatamente aquele desprovido dos meios próprios que pode valorizar especialmente aqueles direitos fundamentais que, por exemplo, lhe protegem contra o trabalho forçado e outras situações similares e lhe dão a possibilidade de melhorar sua situação por meio do processo político. (ALEXY, 2006, p. 505).

(124) ROMITA, 2009, p. 112.

(125) Na Espanha, como já visto, os direitos previstos nos arts. 39 ao 52 constitucionais são considerados, pela doutrina e jurisprudência dominantes, como princípios regentes da política social e econômica.

(126) MIRANDA, 1993, p. 87.

especificamente, intervindo em favor de certas realizações materiais ou culturais. Seu papel é ativo, e não mais passivo, de mero espectador(127).

Certamente, se os direitos de primeira geração são típicos do Estado Liberal, os da segunda são do Estado do Bem-estar Social. O titular destes direitos, como os da primeira dimensão, é o indivíduo, tendo por sujeito passivo o Estado, que assume o dever de satisfazê-los e garanti-los em nome da coletividade, criando e organizando sistemas de prestações sociais e planejando políticas de bem-estar para todos. Esta visão compatibiliza-se com a nova concepção de Estado, que já não lhe identifica como inimigo do indivíduo, mas sim o qualifica como aliado, uma vez que lhe compete, na contemporânea versão do Estado Democrático de Direito, não apenas respeitar as liberdades individuais e de coletividades, mas também garantir sua eficácia, ao lado das prestações a seu cargo, em razão dos direitos fundamentais(128). Em consequência, os direitos sociais constituem-se em um novo paradigma de caráter e exigência moral para o Estado contemporâneo.

Em outras palavras, os direitos sociais são valores supremos em si mesmos que devem ser permanentemente perseguidos em um Estado de Direito. Não são direitos contra o Estado (de defesa), mas direitos por intermédio do Estado, exigindo do poder público determinadas prestações materiais que devem ser alcançadas por meio de leis parlamentares, atos administrativos e da instituição concreta de serviços públicos. Para realizá-los, o poder estatal deve definir, executar e implementar as chamadas políticas sociais que permitam seu desfrute efetivo. Diante do exposto, depreende-se que a realização dos direitos sociais não é uma consequência automática de sua mera previsão normativo-constitucional, mas o resultado de complexos processos pluriarticulados de ação e interpretação a cargo de toda a sociedade nas esferas pública e privada, na busca constante da concretização dos mesmos.

Registra-se, também, que em um Estado Democrático os direitos sociais devem ser alcançados mediante a superação de barreiras arraigadas, vez que baseados nos princípios da dignidade humana e do livre desenvolvimento da personalidade por meio de uma linha ética. Constata-se a indivisibilidade dos direitos, vez que não há diferença de grau entre os direitos sociais e os direitos individuais, pois ambos são elementos de um bem maior, qual seja, a dignidade da pessoa, que possui duas faces, conec-

(127) MORAES FILHO, Evaristo de. Da ordem social na Constituição de 1967. In: ROMITA, 2009, p. 112.

(128) ABRANTES, 2005, p. 6.

tadas principalmente por seu fundamento ético, universal e comum: a liberdade e a igualdade.

É por esta razão que a eliminação das desigualdades segue sendo uma tarefa irrenunciável, em primeiro lugar, por razões de coerência entre o ideal de igualdade e a ideia mesma da democracia. Em segundo lugar, pelo descobrimento da igual dignidade das pessoas, apesar das desigualdades físicas e psicológicas. Esta desigualdade material é a que vai garantir a cada indivíduo o desfrute da renda mínima, de uma moradia digna, do emprego, da assistência sanitária, da educação básica e do apoio em momentos de dificuldade.

Alexy, analisando os direitos a prestações, compreende os direitos sociais como aqueles oponíveis em relação ao Estado a algo que os indivíduos, se tivessem meios econômicos suficientes e se houvesse oferta bastante no mercado, poderiam também obter de particulares. Quando se trata de direitos sociais como, por exemplo, saúde, pleno emprego, moradia e educação, quer-se fazer, sobretudo, uma menção a direitos de prestação em sentido estrito(129).

Seguindo o raciocínio do mesmo autor, os direitos sociais possuem algumas características importantes. Primeiramente, trata-se de normas que garantem direitos subjetivos, obrigando o Estado de forma objetiva. Em segundo lugar, elas podem ser normas vinculantes ou não — neste último sentido, seriam enunciados programáticos(130). Uma norma deve ser considerada vinculante se é possível uma análise de sua violação por meio do Tribunal Constitucional(131). Por fim, as normas podem fundamentar direitos e deveres definitivos ou *prima facie*. Para Alexy, um direito subjetivo definitivo vinculante é o direito a um mínimo existencial(132).

Deste modo, o catálogo dos direitos sociais expressa, entre outros, os princípios que requerem o desenvolvimento livre da dignidade do indivíduo na comunidade social. Examinando esta afirmação, se existem hoje alguns elementos ou dados que façam reconhecíveis os direitos sociais como categoria dos direitos fundamentais, estes são a tutela judicial e o respeito de seu conteúdo essencial pelo legislador e pelo administrador. Atualmente não há direito fundamental que não seja suscetível de tutela

---

(129) ALEXY, 2006, p. 499-502.

(130) Como ocorre no sistema constitucional espanhol.

(131) Como ocorre no sistema constitucional brasileiro.

(132) Conforme será discutido no tópico II.5, esta concepção dever ser superada pelo constitucionalismo moderno.

judicial e de limitar os poderes públicos. Isto viria a ser, pois, o conteúdo essencial dos direitos sociais fundamentais.

Por fim, a utilidade de adotar-se um conceito material dos direitos sociais não se revela exclusivamente como critério para identificação dos mesmos, mas também para informar ao intérprete (em especial, os poderes públicos) a respeito de quais valores foram levados em consideração pelo constituinte para a previsão constitucional dos aludidos direitos, pois dar efetividade aos direitos não significa tão somente cumprir a letra fria da Constituição, mas sim, de modo inverso, respeitar os valores construídos e difundidos na sociedade, trilhando os caminhos que ela mesma traçou ou pretendeu traçar.

Pelo exposto, verifica-se que o conceito de direitos sociais contém, de qualquer ponto de vista, vários significados e, por isso, é de complexa formulação. Buscando alcançar alguma sofisticação jurídica e com base nos elementos estruturais até aqui apresentados, são direitos sociais, analisados sob o prisma da dimensão e dignidade dos direitos fundamentais[(133)] de satisfação das *necessidades humanas básicas*[(134)], o bloco de disposições-regras com caráter organizador, planificador, diretor e protetor dotado da força atuante do Direito Constitucional de prestações (ativas ou negativas) proporcionadas pelo Estado, direta ou indiretamente, na esfera social, e que possibilite melhores condições de vida preferencialmente aos mais vulneráveis, com a importante tarefa de equilibrar as situações sociais desiguais, relacionando-se ao direito de igualdade e à justiça distributiva. Vale dizer que são direitos discriminatórios com propósitos compensatórios e que valem como requisitos para o desfrute dos direitos individuais e coletivos na medida em que criam condições materiais mais propícias para a realização da igualdade real (igualdade de condições), permitindo aos indivíduos desenvolver seus próprios planos de vida.

Consequentemente, a intervenção estatal não é mais vista como simples garantidora, mas também como promotora de verdadeiros direitos fundamentais. Os direitos sociais são normas que não se dirigem aos indivíduos, mas aos poderes públicos, o que requer destes uma atuação a favor do desenvolvimento do Estado, vinculando permanentemente os poderes constituídos para sua realização, justificando eventual censura judicial a respeito dos atos que lhes contradigam. Pressupõem, portanto, que sejam criadas ou postas à disposição dos cidadãos as prestações que constituem seu objeto, estando, desta forma, estreitamente relacionados com as tarefas

(133) Conforme reconhecimento expresso do art. 6º do texto constitucional brasileiro.

(134) *Vide* tópico II.5 desta dissertação.

de melhora, distribuição e redistribuição dos recursos e da riqueza existentes, revelando uma transição das liberdades formais abstratas para as liberdades materiais concretas.

II.2) Evolução histórico-jurídica dos direitos sociais, em especial na República Federativa do Brasil

Analisando os principais episódios da evolução dos direitos sociais[135], estes formaram-se lentamente ao longo da história, tendo sua origem remota nas doutrinas socialistas. Foram consagrados na Declaração dos Direitos do Homem e do Cidadão, de 1789, na França, e na Constituição Francesa de 1848. Encontraram espaço com a inauguração da doutrina social da Igreja Católica proposta com a Encíclica *Rerum Novarum*, de 1891, do Papa Leão XIII. O pensamento marxista também influenciou o processo histórico de formação desta dimensão de direitos, ainda que seja destacada sua incompatibilidade com a afirmação em textos jurídicos de normas legais[136]. Em seguida, como resultado da Revolução Soviética de 1917, sob a égide do marxisimo-lenismo, foi proclamada a Declaração dos Direitos do Povo Trabalhador e Explorado, de 1918, da então chamada República Socialista Soviética da Rússia.

No curso de aproximadamente meio século (compreendido entre os anos 80 do século XIX e os anos 30 do século passado), quase todos os Estados de características liberais efetuaram reformas legislativas que puseram em marcha as bases da instituição de um Estado moderno, com comportamento ativo na realização da justiça social[137]. Isto constituiu a resposta político-constitucional à insegurança social crescente naquela época, resultado dos desequilíbrios de poder gerados pelo livre jogo das forças sociais e pela incerteza implícita dos mecanismos espontâneos do mercado.

Em sua evolução natural, o Estado contemporâneo assume a forma de Estado Social de Direito, o qual deve ser concebido desde o ponto de vista formal e material, sendo capaz de adotar políticas públicas que atendam às demandas sociais emergentes. O ente estatal deve garantir a

(135) ROMITA, 2009, p. 114.

(136) Deve-se registrar que, de conformidade com o pensamento marxista, uma vez superada a fase histórica da exploração do homem pelo homem, tornar-se-ia desnecessária a produção de normas, pois estas somente se justificavam pela diferença de condições materiais de vida entre as classes sociais.

(137) SARLET, 1998, p. 49.

justiça social[138], o que significa que, ao mesmo tempo em que se deve respeitar o ordenamento jurídico, promove-se o desenvolvimento da pessoa humana. Esta forma de Estado caracteriza-se por preocupações éticas centradas nos direitos e prerrogativas humanas/fundamentais[139]. A nota distintiva destes direitos é sua dimensão positiva, posto que se cuida não mais de evitar a intervenção do Estado na esfera da liberdade individual, mas em proporcionar um direito a participar do bem-estar social. Não se trata mais, portanto, de liberdade do e contra o Estado, senão de liberdade por intermédio do mesmo.

Assim, o constitucionalismo social abriu um novo capítulo na evolução histórica dos direitos. A primeira Constituição a consagrar os direitos sociais foi a do México, de 1917, seguida pela Constituição da primeira República Alemã de 1919, mais conhecida como Constituição de Weimar. Com o final da Primeira Guerra Mundial, generalizou-se a recepção, nos textos das Constituições de diversos países, de ditos direitos sociais, processo este que se intensificou após o término da Segunda Guerra Mundial.

Também a Declaração dos Direitos do Homem, de 1948, albergou os direitos sociais em seus artigos XXII a XXVII. Esta Declaração teve por objeto estabelecer que toda pessoa tem o direito a uma existência digna, à vida, à igualdade e à liberdade. Mas, dado que referida Declaração não possui signatários, por ser um documento universal, não há meios legais para obter uma desejada coercitividade de suas disposições, de modo a obrigar os países a aplicá-las efetivamente. Por consequência, até hoje, somente uns poucos Estados efetivamente protegem e garantem estes direitos com sua dignidade fundamental.

Particularmente no Brasil, a primeira Constituição do país, de 1824, em nada contribuiu para os direitos sociais. Pelo contrário, ela aboliu as corporações de ofício, pelo que cassou a liberdade de exercer livremente qualquer profissão[140]. Vale recordar que até o ano 1888 a escravatura no Brasil estava sob o manto da referida Constituição. Com a Lei Áurea, de um momento para outro os escravos tiveram reconhecida sua condição de pessoa, já não sendo considerados mais como simples propriedades. Esta

---

(138) Afirmação inspirada no *caput* do art. 170 da Constituição Brasileira, *in verbis: A ordem econômica, fundada na valorização do trabalho humano e na livre iniciativa, tem por fim assegurar a todos existência digna, conforme os ditames da justiça social (...).*

(139) LEAL, 2000, p. 70-71.

(140) Segundo o art. 179, XXV da Constituição de 1824, *A inviolabilidade dos direitos Civis e Políticos dos Cidadãos Brasileiros, que tem por base a liberdade, a segurança individual, e a propriedade, é garantida pela Constituição do Império, pela maneira seguinte: (...) XXV. Ficam abolidas as Corporações de Officios, seus Juízes, Escrivães e Mestres.* (AFONSO, 1999, p. 240).

Constituição era essencialmente liberal e individualista. Já a Constituição Republicana de 1891, ao contrário de sua antecessora, preocupou-se em garantir a liberdade de exercício de trabalho mas, no que diz respeito aos direitos sociais, nada agregou.

A primeira menção aos direitos sociais foi levada a cabo no título sobre a ordem econômica e social da Constituição de 1934, na qual se observa uma clara influência da Constituição de Weimar, como se observa, *in verbis*: *Art. 141. É obrigatório, em todo o território nacional, o amparo à maternidade e à infância, para o que a União, os Estados e os Municípios destinarão um por cento das respectivas rendas tributárias.* Para maior ênfase sobre o tema, o art. 138 dispunha que *Incumbe à União, aos Estados e aos Municípios, nos termos das leis respectivas: a) assegurar amparo aos desvalidos, criando serviços especializados e animando os serviços sociais, cuja orientação procurarão coordenar; b) estimular a educação eugênica; c) amparar a maternidade e a infância; d) socorrer as famílias de prole numerosa; e) proteger a juventude contra toda exploração, bem como contra o abandono físico, moral e intelectual; f) adotar medidas legislativas e administrativas tendentes a restringir a moralidade e a morbidade infantis; e de higiene social, que impeçam a propagação das doenças transmissíveis; g) cuidar da higiene mental e incentivar a luta contra os venenos sociais*[(141)]. Esta Constituição foi o marco em que se começou a tratar dos direitos sociais, e foi fruto do constitucionalismo social, segundo o qual as cartas máximas passaram a cuidar do homem social ao lado do homem político, ajustando limites à autonomia da vontade dos indivíduos e consagrando os interesses do homem enquanto ser humano.

A Carta de 1937 estabeleceu oficialmente no Brasil o corporativismo, fortalecendo o Estado Nacional e a submissão de todos aos interesses da nação. Neste modelo, estabeleceu-se a negação dos conflitos entre trabalhadores e empregadores, pois todos deveriam buscar o mesmo objetivo, qual fora, o fortalecimento do Estado, registrando-se que aludido corporativismo restringiu-se ao campo da economia. Já as Constituições de 1967 e a Emenda de 1969 não mudaram muito com respeito aos direitos sociais. Nas Constituições de 1934 até 1969 os direitos sociais sempre foram sancionados sob o título da "Ordem Econômica e Social", como para propagar uma subordinação do social ao econômico.

Somente em 1988, com o advento da atual Constituição, que passou a ser conhecida como Constituição Cidadã, já que, em última instância, tomou as rédeas do destino do país após o regime militar, referidos direitos foram incluídos no capítulo "Dos Direitos Sociais", dentro do título dedicado aos

---

(141) AFONSO, 1999, p. 240-241.

direitos e garantias fundamentais, ao lado dos direitos individuais e coletivos. Deste modo, os direitos sociais foram elevados à categoria de fundamentais com previsão expressa no art. 6º e correlatos da Carta Constitucional, o que significou um importante avanço quantitativo e qualitativo.

Acerca desta troca topográfica dos direitos sociais dentro da Constituição e seus efeitos, Copetti ensina que diferentemente de todas as Constituições anteriores, as quais encerravam uma certa harmonia valorativa e axiológica liberal-individualista, a Constituição de 1988 declarou formalmente como de relevância constitucional uma série inédita de bens e valores até então nunca previstos como tal. Como exemplo, basta verificar que ao contrário dos textos anteriores que contemplavam conjuntamente a ordem econômica e social em um só título, a atual Lei Maior separou estes dois aspectos em títulos distintos (Da Ordem Econômica e Financeira — Título VII; e Da Ordem Social — Título VIII). No título que se refere especificamente à ordem social, relacionado ao disposto no mencionado art. 6º, encontra-se a proteção a bens como a saúde, a previdência social, a educação, a cultura, o desporto, a ciência, a tecnologia, os meios de comunicação, o meio ambiente, a família (anteriormente já tutelados), as crianças, os adolescentes e os anciões, além dos indígenas.

No entanto, apesar da disposição constitucional expressa e transcorridos mais de vinte anos da promulgação da Constituição Federal, os direitos sociais fundamentais no Brasil permanecem sendo tratados, pela grande maioria dos membros dos poderes públicos, como simples normas programáticas de intenções, em uma espera eterna para sua aplicação efetiva.

II.3) Análise da fundamentalidade dos direitos sociais no ordenamento jurídico-constitucional brasileiro

O Estado Democrático de Direito, como afirma o Preâmbulo da atual Constituição do país, destina-se a garantir o exercício dos direitos sociais e individuais, a liberdade, a segurança, o bem-estar, o desenvolvimento, a igualdade e a justiça[142]. Em seu art. 6º, e em outros a ele correlatos, a Lei

(142) Segue o texto constitucional que inspirou esta afirmação: *Nós, representantes do povo brasileiro, reunidos em Assembleia Nacional Constituinte para instituir um Estado Democrático, destinado a assegurar o exercício dos direitos sociais e individuais, a liberdade, a segurança, o bem-estar, o desenvolvimento, a igualdade e a justiça como valores supremos de uma sociedade fraterna, pluralista e sem preconceitos, fundada na harmonia social e comprometida, na ordem interna e internacional, com a solução*

Maior em estudo estabelece quais são estes direitos sociais fundamentais, inclusive com a manifestação textual expressa do constituinte originário acerca da impossibilidade de modificação dos mesmos, uma vez que catalogados como cláusulas pétreas, de caráter imutável[(143)], adotando-se uma interpretação sistemática da Constituição[(144)], já que consistem em um dos objetivos permanentes do Estado Democrático brasileiro.

A priori, a realização da democracia social e econômica é uma consequência lógica do princípio democrático, que possui uma inegável dimensão social, ao lado da dimensão política. De modo próprio, o princípio da sociabilidade, ou princípio da democracia social[(145)], tem a mesma dignidade constitucional que os princípios do Estado de Direito e da democracia política, estando, tal e como eles, garantido contra leis de revisão substancialmente perversas. Assim, a democracia social é um objetivo a lograr e que se apresenta como um fim do Estado.

O legislador constituinte, ao fazê-lo desta forma, refletiu um novo paradigma, onde os direitos sociais converteram-se, nos termos em que se expressam na Constituição, em direitos que mantêm relações de paridade com os direitos civis e políticos, estabelecendo a indivisibilidade dos direitos fundamentais. Vistos assim, os direitos sociais não são subsidiários de outros direitos, ocupando a mesma posição central daqueles. Não se encontram, portanto, em posição hierarquicamente inferior aos direitos civis e políticos. No Brasil, os direitos sociais incorporam aos direitos humanos uma dimensão necessariamente social. São, por si mesmos, direitos impostergáveis na consecução dos objetivos fundamentais perseguidos pelo texto constitucional.

No constitucionalismo brasileiro, portanto, o princípio da democracia social contém uma imposição obrigatória dirigida não só aos particulares, como também, e principalmente, aos órgãos estatais no sentido de desenvolver atividades conformadoras das estruturas socioeconômicas do país, com o fim único de evoluir até uma sociedade realmente democrática. Em seu núcleo essencial, o citado princípio da sociabilidade constitui-se

---

pacífica das controvérsias, promulgamos, sob a proteção de Deus, a seguinte Constituição da República Federativa do Brasil.

(143) *Vide* art. 60, §4º, CF/88.

(144) O professor Sarlet explica que o alcance das cláusulas pétreas na esfera dos direitos fundamentais vai além da proteção exclusiva daqueles individuais mencionados no art. 5º da Constituição de 1988, sob pena de, ao interpretar literalmente as disposições do art. 60, § 4º, não somente os direitos sociais padeceriam de segurança contra reformas profundas, como também os direitos da nacionalidade (arts. 12 e 13) e os direitos políticos (arts. 14 a 17) também estariam excluídos da proteção outorgada pelo constituinte. (SARLET, 1998).

(145) Conceito refinado emprestado da obra de Canotilho (CANOTILHO, 2010, p. 335-337).

em um mandato constitucional juridicamente vinculante que limita a discricionalidade dos poderes públicos quanto ao "se" da atuação, deixando, entretanto, uma margem considerável de liberdade de conformação política quanto ao "como" de sua concretização. Constitui-se no parâmetro dentro do qual devem ser interpretadas todas as normas que compõem o ordenamento jurídico. Disso resulta que a falta de aplicabilidade imediata dos direitos sociais fundamentais ocorre por falha nas ações dos agentes estatais, e não porque teriam dignidade constitucional inferior aos direitos de primeira geração.

Por todo o exposto, o princípio de sociabilidade adotado pelo Estado Brasileiro apresenta-se como uma determinação da Carta Magna para que o legislador democrático e os órgãos responsáveis pela concretização de suas determinações adotem todas as medidas necessárias para o desenvolvimento socioeconômico do país à luz da justiça social. Por consequência, impõem-se ao Estado tarefas de conformação, mudança e modernização de suas estruturas sociais e econômicas com o fim de promover a igualdade real entre os indivíduos. Desde o ponto de vista do sistema jurídico-constitucional, a consagração do princípio da democracia social engloba, de pronto, muitas variações:

> a) constitui uma imposição dirigida aos órgãos de direção política em geral no sentido de desenvolver atividades conformadoras e transformadoras no âmbito social, com o fim de evoluir até uma sociedade mais democrática;
>
> b) representa um compromisso constitucional no sentido de os poderes estatais adotarem medidas necessárias para concretizar a evolução da ordem social desde a perspectiva de uma justiça constitucional-social;
>
> c) implica a proibição de retrocesso, subtraindo à livre disposição do legislador ou do administrador a diminuição ou o aniquilamento dos direitos adquiridos em clara violação dos princípios de proteção, confiança e segurança dos cidadãos no âmbito socioeconômico[(146)].

II.4) Garantia e afirmação da conquista de novos direitos na Constituição Brasileira de 1988

A vigente Constituição Federal do Brasil é o resultado de uma intensa e importante participação popular, não representando somente as

---

(146) CANOTILHO, José Joaquim Gomes. Fundamentos da constituição. In: GONÇALVES, 2010, p. 201.

aspirações e lutas dos setores sociais mais oprimidos. Pelo contrário, simboliza também a contradição cotidiana do país, configuração esta que se assemelha a outras constituições contemporâneas que, longe de serem uma imposição totalitária, demandam os interesses e participações populares.

Assim, a linguagem normativa expressa no Texto Magno, vinculante para os poderes estatais, não traz um único padrão de políticas sociais mas, sobretudo, contempla um conjunto de princípios cuja eficácia jurídica depende de certas condições de fato. Portanto, não é suficiente que a Constituição tenha previsto, por exemplo, o respeito à dignidade humana, aos valores sociais do trabalho e da propriedade privada, assim como a eliminação das desigualdades regionais e sociais para subverter, instantaneamente, os graves problemas sociais brasileiros.

À primeira vista, os direitos à saúde e à educação não ordenam ao setor privado que ofereça estes serviços sem uma compensação econômica por parte dos usuários. O direito à assistência social, por outro lado, não obriga de maneira coercitiva às empresas a criarem programas de solidariedade. O direito ao trabalho, garantido pela Carta Maior, não obriga, por exemplo, às empresas a diminuírem suas margens de lucro para assegurarem mais postos de trabalho. De tudo isso se depreende que as constituições de países capitalistas que contemplam padrões de políticas sociais são mais propensas a ter seus textos violados pelo fenômeno da inconstitucionalidade, sobretudo por omissão.

Mediante a promulgação da atual Constituição Brasileira atribuiu-se à sociedade civil o importante papel de condutor das transformações sociais necessárias e desejadas, as quais deveriam começar com a transformação do próprio desenho constitucional: a nova ordem, para cumprir seu importante papel, necessitava ser percebida não só como o Estatuto do Estado mas, sobretudo, como o ordenamento de uma nova cidadania. Não de uma cidadania abstrata que, dentro de uma sociedade com graves problemas sociais, pouco significasse para a maioria excluída da população[147]. Tratava-se de reconhecer a Constituição como um texto normativo e, por reflexo, com eficácia suficiente para garantir a afirmação e conquista de novos direitos aplicáveis a todos.

Quanto à divisão sistemática dos direitos fundamentais, cabe destacar que a questão tem uma conotação simplesmente pedagógica dado que, como já se viu, aqueles não seguem uma evolução histórico-linear. A Lei

(147) GONÇALVES, 2010, p. 169.

Maior Brasileira, além das garantias constitucionais, engloba, em resumo, as seguintes categorias de direitos fundamentais: direitos individuais, políticos e sociais. Os primeiros representam a integração dos homens na ordem política estabelecendo, por consequência, os limites do Estado. São, portanto, direitos de defesa, ou seja, aqueles que se preocupam em proteger, direta e essencialmente, a pessoa como tal, o indivíduo singular, nos atributos que caracterizam sua personalidade moral e física.

Por outro lado, os direitos políticos dentro do Texto Magno analisado, após o período da ditadura militar que assolou o país por mais de vinte anos, adquiriram uma importância especial, principalmente porque passaram a expressar a possibilidade jurídica de participação popular na gestão pública(148). A seu turno, os direitos sociais, revitalizados pelas concepções da democracia e do pluralismo, converteram os homens em credores de prestações estatais. Estes direitos, consagrados com a dignidade fundamental na Constituição Cidadã reconhecem a incapacidade do mercado como campo para a justiça social(149).

Entretanto, as normas que garantem direitos como a saúde, a educação, o bem-estar social, a moradia, o trabalho, entre outros, demandam certas questões para sua efetividade, que serão enfrentadas nesta dissertação, tais como condições econômico-financeiras do Estado, possibilidade de reclamar aludidos direitos fundamentais diretamente perante os tribunais e competência destes tribunais, em específico do Supremo Tribunal Federal, para intervir no âmbito das políticas públicas. Ainda, como os efeitos dos direitos sociais logram-se por meio de políticas públicas e isso implica um campo relativamente amplo de eleição de meios e fins, impulsionado principalmente pelo Executivo e pelo Legislativo (quanto a este, via normatização), sua eficácia jurídica vê-se debilitada. Em outras palavras, o direito ao trabalho não garante que o desempregado tenha um direito subjetivo individual para assegurar sua inclusão no mercado laboral. Em igual medida, políticas econômicas recessivas e geradoras de desemprego não permitem, via de regra, responsabilizar o agente político, já que muitas condições econômico-financeiras, às vezes impossíveis de controle judicial (a dívida externa, inflação, flutuação do câmbio e do mercado internacional etc.), influenciam na eleição e implementação de políticas públicas que gerem emprego e renda(150).

(148) Alexy entende o direito de participação como uma combinação dos direitos de defesa e de prestação. (ALEXY, 2006, p. 261).

(149) GONÇALVES, 2010, p. 171.

(150) GONÇALVES, 2010, p. 172-173.

É digno de registro que no caso do regime constitucional, os direitos individuais estão estruturados principalmente como normas de eficácia plena já que, em geral, não apresentam atos de integração pelo Poder Legislativo. A este respeito, pelo contrário, os direitos sociais fundamentais demandam, em ampla medida, a integração de eficiência a ser concretizada no âmbito de leis comuns e políticas públicas. *As normas de eficácia limitada, em geral, não receberam do legislador constituinte normatividade suficiente para sua aplicação, deixando ao legislador ordinário a tarefa de regulamentar a matéria nelas desenhada em princípio ou esquema. As de princípio constitutivo encontram-se principalmente na parte orgânica da Constituição, enquanto que as de princípio programático compõem elementos socioideológicos caracterizadores das cartas magnas atuais. Todas possuem eficácia revogadora da legislação anterior incompatível e criam situações simples e de interesse legítimo, assim como o direito subjetivo negativo. Todas, em última instância, conduzem a situações subjetivas de vínculo*[151].

É razoável supor, portanto, que o fato de ser atribuído aos direitos sociais fundamentais o caráter de marco normativo-programático não significa que se esteja retirando sua eficácia jurídica, submetendo-lhes inteiramente ao *interpositio legislatoris*[152]. Se for assim, não poderiam considerar-se como direitos fundamentais. Coincidindo com esta assertiva, as normas programáticas são capazes, desde sua entrada em vigor, de perseguir os seguintes objetivos:

a) revogar do ordenamento jurídico ordinário as normas contrárias à nova realidade da carta constitucional;

b) conferir uma certa estabilidade em relação ao nível de satisfação dos direitos sociais básicos por meio do princípio de proibição de retrocesso das políticas públicas e das normas que garantem os direitos fundamentais. Isto significa que, posta em prática uma política em matéria de direitos sociais, ou criada uma legislação a respeito, ela não pode ser desconsiderada *a posteriori*, retrocedendo o grau de satisfação do direito social fundamental da sociedade afetada;

c) evitar que os Poderes Legislativo e Executivo ponham em prática políticas sociais contrárias às normas e princípios garantidos pela

(151) SILVA, José Afonso da. Aplicabilidade das normas constitucionais. In: GONÇALVES, 2010, p. 174-175.

(152) Importante afirmar que *se ao tempo de entrada em vigor das normas constitucionais se cumprem os pressupostos — econômicos, financeiros, institucionais – de efetividade, tais normas podem entender-se como de aplicação imediata, inclusive se o reconhecimento destes pressupostos e, às vezes, a determinação das normas exigem uma intervenção legislativa.* (MIRANDA, 1993, p. 384).

Constituição. Os direitos fundamentais configurados como normas programáticas são, portanto, os parâmetros que devem ser observados para o controle de constitucionalidade;

d) estabelecer diretrizes para a interpretação, integração e aplicação de normas jurídicas, já que *a uma norma fundamental deve-se assinalar-lhe o significado que mais eficácia lhe dê; a cada norma constitucional é necessário proporcionar, ligada a todas as normas, a capacidade máxima de regulamentação*(153).

II.5) Teoria dos mínimos existenciais. Concepção a ser superada pelo constitucionalismo brasileiro moderno. Adoção do novo paradigma da teoria das necessidades humanas básicas como o conteúdo essencial dos direitos sociais fundamentais dispostos na Carta de 1988

Para sustentar solidamente os fundamentos apresentados nesta dissertação será adotado, na análise dos direitos sociais fundamentais e das questões a seu respeito, o excelente paradigma da Teoria das *Necessidades Humanas Básicas* defendida por Doyal e Gough(154).

Para extrair o significado exato desta teoria, é importante analisar, em primeiro lugar, seu significado semântico. Assim, a palavra "necessidade" origina-se do latim (*necessitate*), aportando a significação de absolutamente necessário, indispensável, inevitável, o que não pode ser de modo diverso do que é, o que tem que ser, apresentando a qualidade de essencial, sem a qual a condição e a situação de algo se veem comprometidas estruturalmente(155).

Importante contribuição para o entendimento de referido conceito se obtém com a compreensão do significado de "sérios prejuízos" extraído da teoria fundamentada por Doyal e Gough. A este respeito, sérios prejuízos

(153) MIRANDA, 1998, p. 23.

(154) DOYAL, Len; GOUGH, Ian. A theore of human need. In: GONÇALVES, 2010, p. 178-186. Também foram consultados os seguintes estudos a respeito do tema: GOUGH. Disponível em: <http://gsp.sagepub..com/cgi/content/abstract/4/3/289> Acesso em: 3.10.11; LEIVAS. Disponível em <*h*ttp://www.ifibe.edu.br/cursos/posgraduacal/dh/2008/subsidios/Leivas.pdf> Acesso em: 5.10.11; MUSTAFA, 2007; e MESQUITA, 2006.

(155) Conceito extraído em *Michaelis* — moderno dicionário da língua portuguesa. Disponível em: <*h*ttp://michaelis.uol.com.br/moderno/portugues/index.php?lingua=portugues-portugues&palavra=necessidade> Acesso em: 19.9.11.

são impactos negativos cruciais que impedem, ou põem em sério risco, a possibilidade objetiva dos seres humanos de viver física e socialmente em condições que lhes permitam expressar sua capacidade de participação ativa. São, portanto, danos cujos efeitos nocivos são independentes da vontade dos que sofrem ou da cultura em que se produzem.

Por consequência, o critério para determinar a presença de uma *necessidade humana básica* é indagar se, em sua ausência ou em caso de cumprimento defeituoso, haverão sérios prejuízos à pessoa ou grupo a que pertence. Desta maneira, aludidas necessidades são fatores de motivação da vida social. A teoria adotada dispõe que a satisfação destas necessidades é fundamental, indispensável e inevitável, enquanto que sua ausência ou prestação incompleta não motiva a ninguém, ao contrário, desalenta. Visto por outro ângulo, as *necessidades humanas básicas* constituem o conteúdo aceitável e essencial dos direitos sociais para o nobre propósito de erradicar a pobreza absoluta e promover o desenvolvimento da sociedade.

Assim, as *necessidades humanas básicas* são as necessidades universais, nascidas da caracterização humana, sem as quais a estrita condição física encontra-se sob a ameaça de sérios prejuízos de sobrevivência. Doyal e Gough sustentam duas necessidades humanas básicas, satisfeitas sempre em nível coletivo, e onze necessidades intermediárias, igualmente relevantes. As *necessidades humanas básicas* são a saúde física e a autonomia do indivíduo. A saúde implica as necessidades quimiobiofisiológicas, ao passo que a autonomia engloba a saúde mental, a habilidade cognitiva e a oportunidade de participação.

A propósito, é importante destacar que, estabelecendo a saúde física e a autonomia individual como *necessidades humanas básicas*, os citados doutrinadores também analisam as necessidades intermediárias, classificando-as da seguinte maneira[(156)]:

> 1) educação apropriada: esta necessidade põe em relevo os processos educativos formais de propagação do conhecimento por meio da alfabetização e educação básica, requerendo também processos que fomentam a compreensão e o diálogo entre diferentes culturas;
>
> 2) atenção com a saúde de forma apropriada: relaciona-se diretamente com outras necessidades intermediárias. Doyal e Gough, considerando que a saúde reclama ações e serviços preventivos e curativos, defendem

(156) As *necessidades humanas (básicas e intermediárias)* são descritas neste estudo baseando-se, também, no disposto no art. 6º do Texto Constitucional Brasileiro, o qual descreve os direitos sociais fundamentais.

um amplo acesso a estes serviços, pondo à disposição de todos as melhores técnicas existentes. Sem se esquecer das limitações orçamentárias, a Constituição Brasileira (art. 196), de acordo com o que se defende aqui, estabelece os serviços de saúde preventivos e curativos como um importante direito social fundamental a ser garantido a todos;

3) alimentação nutritiva (incluindo a hidratação): a Constituição Federal de 1988 estabeleceu, entre os objetivos fundamentais da República Federativa do Brasil, a erradicação da pobreza e a redução das desigualdades sociais e regionais (art. 3º, III) e, ao conferir ao Sistema Único de Saúde (SUS) a competência para participar da formulação da política e da implementação de serviços de saneamento básico e fiscalizar e inspecionar alimentos, inclusive o controle de seu conteúdo nutricional, assim como bebidas e águas para o consumo humano, alberga com satisfação aquela necessidade como indispensável para a saúde física e a autonomia humana;

4) ambiente de trabalho isento de riscos: neste sentido, deve-se evitar o excesso de horas de trabalho e garantir condições laborais desenhadas para anular ou reduzir o risco de acidentes e enfermidades ocupacionais;

5) moradia adequada: Doyal e Gough compreendem-na como a morada capaz de proporcionar abrigo frente às diversidades do clima, aos riscos epidemiológicos e patogênicos, dotada de saneamento básico, sem amontoamento;

6) segurança e integridade física: cuida-se de proteger o indivíduo contra a violência ou as ameaças perpetradas tanto pelo Estado quanto por outras pessoas;

7) segurança econômica: Doyal e Gough referem-se à necessidade das pessoas de planejar suas condições materiais de vida, de acordo com normas político-econômico-sociais estáveis. Sem a devida segurança econômica, a autonomia do indivíduo pode sofrer sérias restrições;

8) proteção à infância e à juventude: refere-se ao ambiente educativo, emocionalmente seguro, que às crianças (segundo Doyal e Gough) e aos adolescentes (com base na Constituição Brasileira) deve ser garantido;

9) segurança na planificação familiar e proteção à maternidade, durante a gravidez e o parto: de acordo com o que afirmam os mencionados autores, estas *necessidades humanas básicas* referem-

-se especificamente às mulheres e, portanto, têm um caráter universal e parcial. Se não satisfeitas, haverá um dano grave àquelas, especialmente à sua saúde e autonomia;

10) ambiente físico saudável e livre de riscos: esta disposição aborda um ambiente ecologicamente sadio, com serviços de infraestrutura, moradia e empregos satisfatórios. Este tema está relacionado com outras necessidades intermediárias, tais como a moradia adequada e o meio ambiente laboral sem riscos;

11) relações primárias significativas: trata-se da necessidade de não separar os indivíduos, quer dizer, de não limitar suas relações afetivas com familiares, amigos e com os grupos sociais a que pertençam como um todo. A não satisfação desta *necessidade básica* traz por consequência a afetação considerável das dimensões da autonomia humana.

De suma importância ressaltar que a concepção apresentada por Doyal e Gough configura o paradigma das *necessidades humanas básicas* (adotado neste estudo), o qual não se satisfaz somente com a noção de mínimos existenciais (admitido por grande parte da doutrina internacional e, infelizmente, pela jurisprudência constitucional brasileira, como será oportunamente demonstrado), tendo em conta que *a saúde física e a autonomia [do indivíduo] não se restringem a si mesmas, nem tampouco se identificam com mínimos de carecimentos que justificariam, por sua vez, atendimentos mínimos*(157).

O que ora se defende é que a Constituição Brasileira estabeleceu direitos sociais fundamentais tomando como ponto de partida a concepção das *necessidades humanas básicas* e não o conceito restritivo de mínimos existenciais, sob o qual se sustenta uma doutrina ultrapassada e que carece de modernização. Isto se comprova com a existência, no referido Texto Constitucional, de toda uma normatividade dirigida não somente a manter níveis mínimos de prestações sociais aos mais necessitados e vulneráveis, como também a universalizar, a médio e longo prazos, as mencionadas prestações a todos da sociedade que têm seu direito constitucionalmente reconhecido. Com maior ênfase, pode-se afirmar que a Lei Maior obrigou o Estado Brasileiro a garantir as *necessidades humanas básicas*, de acordo com as condições jurídicas e de fato existentes, ao privilegiar, como nunca anteriormente, a soberania popular (arts. 1º, I; e 14, I ao III) e a participação da sociedade civil na gestão das políticas sociais (arts. 198, III; 204, II).

(157) DOYAL, Len; GOUGH, Ian. A theore of human need. In: GONÇALVES, 2010, p. 178-186.

De uma vez por todas, tomando por base os parâmetros sustentados por Doyal e Gough, pode-se afirmar, com maior precisão, que as *necessidades humanas básicas* são o conteúdo essencial que deve objetivamente compor os direitos sociais fundamentais. Quanto a estes, analisados sob o ordenamento constitucional brasileiro (art. 6º e correlativos[(158)]), são os que se seguem:

1) a educação (inclusive a sanitária, física e desportiva) básica gratuita e obrigatória dos quatro aos dezessete anos de idade, garantida sua oferta gratuita para aqueles que não tiveram acesso a ela na idade adequada (art. 208, I); educação especializada para pessoas com incapacidade, preferencialmente na rede regular de ensino (art. 208, III); educação infantil em creches e pré-escolas para crianças até cinco anos (art. 208, IV); atenção ao aluno em todas as etapas da educação básica por meio de programas suplementares de material didático escolar, transporte, alimentação e assistência à saúde (art. 208, VII);

2) a saúde preventiva e curativa, definida como direito de todos e dever do Estado, garantida por políticas sociais destinadas a reduzir o risco de enfermidades e outras doenças e ao acesso universal e igualitário às ações e serviços para sua promoção, proteção e recuperação (art. 196), colocando à disposição de todos as melhores técnicas médicas existentes;

3) a alimentação adequada com fins de erradicar a pobreza e reduzir as desigualdades sociais e regionais do país (art. 3º, III), entendida como a realização de um direito humano fundamental, com garantia de acesso permanente e regular, de maneira socialmente justa, a uma prática alimentar adequada aos aspectos biológicos e sociais dos indivíduos, de acordo com o ciclo de vida e as necessidades alimentares especiais, baseada na referência tradicional local. Deve atender aos princípios da variedade, equilíbrio, moderação, prazer (sabor), às dimensões de gênero e etnia e às formas de produção ecologicamente sustentáveis[(159)];

---

(158) A título de exemplo, são os seguintes: art. 7º (direitos dos trabalhadores urbanos e rurais); art. 8º (livre associação profissional ou sindical); art. 9º (direito de greve); arts. 194 ao 204 (previdência social); arts. 196 ao 200 (saúde); arts. 205 ao 217 (educação, cultura e desporto); art. 225 (meio ambiente); e arts. 226 ao 230 (família, crianças, adolescentes e anciões). As disposições constitucionais correlatas ao art. 6º foram mencionadas nos itens 1 a 11 deste parágrafo.

(159) Conceito extraído em <http://www.slowfoodbrasil.com/content/view/164/95/> Acesso em: 9.10.11.

4) o trabalho e o pleno emprego, com remuneração adequada à dignidade humana (art. 7º, IV e VII), desenvolvido em um ambiente laboral seguro, centrado na redução e eliminação dos riscos de acidentes e enfermidades profissionais (art. 7º, XXII), com todas as demais características que contribuam na melhoria da condição social dos trabalhadores: relação laboral protegida contra a dispensa arbitrária; seguro-desemprego nas hipóteses de demissão sem justa causa; fundo de compensação para trabalhadores por duração do tempo de serviço(160); irredutibilidade salarial, exceto nos casos de negociações coletivas; licenças maternidade e paternidade, sem prejuízo do emprego, entre outras descritas no art. 7º;

5) a moradia para assegurar proteção contra as adversidades climáticas, dotada de infraestrutura que promova as condições básicas de higiene e saúde (art. 1º, III, ao referir-se à dignidade humana como fundamento basilar da República Federativa do Brasil), com as seguintes características: ocupação estável em lugar sem medo de remoção ou de ameaças indevidas ou inesperadas; acesso aos serviços e bens públicos e à infraestrutura adequada; acesso a um meio ambiente equilibrado; financeiramente acessível, ou seja, a um custo razoável ou com acesso a subvenções ou financiamentos para assegurar que os custos sejam compatíveis com os níveis de renda; condições adequadas da moradia, respeitando o tamanho mínimo proporcional ao número de habitantes; prioridade no acesso à moradia para os grupos em situação de vulnerabilidade ou desvantagem; localização apropriada, ou seja, em local com acesso a hospitais, escolas, creches e transporte, tanto em zonas urbanas quanto nas rurais; e com adequação cultural, a saber, a construção deve ser feita com os materiais, estruturas e disposição espacial que permitam a expressão da identidade cultural e a diversidade dos diferentes indivíduos e grupos(161);

6) o ócio, porque nem só de trabalho e outras obrigações vive o homem, em sua vertente social e psicológica, que se apresenta como uma conquista constitucional comum a todos os indivíduos, reconhecida desde a infância, quando o tempo deve ser naturalmente reservado para jogos socioeducativos; na idade produtiva, com a tarefa de restaurar a energia gasta durante os períodos de trabalho e permitir a convivência sociofamiliar do indivíduo; e, por último, aqueles que

---

(160) Fundo de Garantia do Tempo de Serviço — FGTS.

(161) ROLNIK, Raquel. *Direito à moradia*. Disponível em: <http://pt.wikpedia.org/wiki/Direito_%C3%A0_moradia> Acesso em: 9.10.11.

contribuíram para a criação de riquezas possuem o direito à aposentadoria;

7) a segurança, com o objetivo de proteger os indivíduos contra violências ou ameaças de todo tipo em busca de refúgio, proteção, segurança, estabilidade e continuidade, pois os indivíduos devem ter o direito de sentir-se cômodos, tranquilos, sem temores e ameaças constantes;

8) a previdência social, englobando: o direito à aposentadoria; normas de previdência[(162)] e assistência social relacionadas, neste último caso, à integração ao mercado de trabalho e ao beneficio econômico[(163)], inclusive a reabilitação profissional prevista no art. 203, IV;

9) a proteção às mulheres[(164)], à infância, à juventude[(165)], à terceira idade[(166)] e à família[(167)] (art. 203, I), correspondendo aos direitos: das mulheres durante a gravidez e depois do parto; e de todos os indivíduos, desde o momento da concepção, durante a infância e enquanto vivam, à proteção e prevenção frente à ocorrência de ameaça ou violação de seus direitos;

10) a assistência aos indefesos ou desamparados (inclusive os incapacitados físicos, sensoriais e psíquicos) por meio de um conjunto de medidas sempre associadas ao imperativo da solidariedade humana;

11) outros, tais como a cultura e o meio ambiente físico saudável e livre de riscos. A este respeito, a Lei Maior em análise garante aos cidadãos o direito a propor ação popular para, entre outros objetivos, proteger o meio ambiente, o qual é salvaguardado no art. 225.

Importante ressaltar que o princípio das *necessidades humanas básicas* é reconhecido expressamente no art. 7º, IV, da Carta Política Brasileira que, ao dispor acerca do conceito de salário mínimo, definiu quais são as *necessidades vitais básicas* que devem suprir as carências imprescindíveis para viver, quais sejam, moradia, alimentação, educação, saúde, ócio, vestuário, higiene, transporte e segurança social. Estes não são outros senão

(162) *Vide* art. 201 da CF/88.
(163) *Vide* art. 203 da CF/88.
(164) *Vide* art. 201, II, da CF/88.
(165) *Vide* artigos 227 e 229 da CF/88.
(166) *Vide* art. 230, § 1º, da CF/88.
(167) *Vide* art. 226, § 7º, da CF/88.

os direitos sociais fundamentais propriamente ditos. Seguindo esta linha de raciocínio, o Supremo Tribunal Federal reconheceu judicialmente(168) a proibição constitucional do confisco, pelo Estado, em matéria tributária, sob pena de comprometer, frente aos contribuintes, *o exercício do direito a uma existência digna, ou a prática de atividade profissional lícita ou, ainda, a regular satisfação de suas necessidades vitais básicas*. Infelizmente, quando da análise do comportamento da Justiça Constitucional Brasileira acerca dos direitos sociais fundamentais, o que será tratado oportunamente, percebeu-se que este princípio não é considerado pelo Tribunal para definir a essencialidade fundamental dos direitos sociais, visto que o mesmo adota o ultrapassado conceito de mínimos existenciais.

Por fim, referida lista, elaborada para identificar, de maneira não exaustiva, os direitos sociais fundamentais englobados na Constituição Brasileira de 1988, supera a antiga ideia dos mínimos existenciais, mas não excede as *necessidades humanas básicas*. Considerando os direitos enumerados anteriormente, absolutamente nada é supérfluo ou relacionado com o simples consumo do mercado capitalista. São, portanto, necessidades que abrangem aspectos da dignidade humana para cumprir os objetivos constitucionais da República Federativa do Brasil: construir uma sociedade livre, justa e solidária; erradicar a pobreza e reduzir as desigualdades sociais e regionais; garantir o desenvolvimento nacional; e promover o bem-estar de todos.

II.6) Princípios e padrões das políticas sociais exigidos na Constituição Brasileira(169)

A simples vista, é fácil compreender as políticas públicas como parte importante da institucionalização de valores e regras da vida coletiva, orientando concepções, definindo estratégias, alocando recursos e distribuindo valores para a sociedade que podem contribuir para consolidar uma nova institucionalidade em relação a temas distintos. Assim, as políticas sociais são aquelas inerentes à diminuição das desigualdades e exclusões entre os

(168) ADI n. 1.075 MC/DF, Tribunal Pleno, Rel. Min. Celso de Mello, DJ 24.11.2006, p. 59. Trata-se de caso em que o poder público instituiu multa confiscatória de 300% (trezentos por cento) pelo descumprimento, por parte do contribuinte, de suas obrigações tributárias. O Tribunal Constitucional Brasileiro suspendeu a aplicabilidade do referido dispositivo legal. (Disponível em: <http://redir.stf.jus.br/paginadorpub/paginador.jsp?docTP=AC&docID=392114> Acesso em: 13.10.11).

(169) Este tópico foi baseado em GONÇALVES, 2010, p. 191-207.

diversos grupos da sociedade[170], procurando satisfazer as *necessidades humanas básicas*.

Cabe assinalar, para maior aprofundamento acerca do tema, que as políticas sociais no ordenamento político-jurídico brasileiro, em especial as relativas à implementação dos direitos fundamentais, são regidas constitucionalmente pelos seguintes princípios, que devem ser obedecidos de forma obrigatória pelos poderes públicos: Estado Democrático de Direito; dignidade humana; universalidade, igualdade e seletividade; descentralização e participação popular; reserva do possível; proibição do retrocesso; segurança jurídica; uniformidade e diferenciação regional; e proporcionalidade.

De início, o Estado Democrático de Direito requer que a Constituição afiance: a separação dos poderes; as garantias de todos os direitos fundamentais (individuais, sociais, coletivos, políticos e difusos); a possibilidade de participação popular não somente nas contendas eleitorais, mas também na gestão e controle das próprias políticas públicas; como também a multiplicidade de meios de proteção dos direitos fundamentais. A este respeito, a existência do princípio do Estado Democrático de Direito é facilmente deduzido da Constituição Brasileira e nela, portanto, deve-se encontrar mecanismos de sua própria eficácia.

Com referência à dignidade humana, a Constituição de 1988 a estabelece como fundamento do Estado Democrático de Direito em que a República Federativa do Brasil se constitui (art. 1º, III). Bastaria esta disposição normativa para que estivessem asseguradas todas as *necessidades humanas básicas*, tendo em conta que a dignidade não é uma qualidade ou atributo de alguns, como uma mera abstração legislativa, mas, pelo contrário, ela se expressa e materializa pelo conjunto dos direitos fundamentais aplicáveis a todos os indivíduos da sociedade. O que se demonstra aqui é que as *necessidades humanas básicas* e os meios para sua consecução estabelecem o perfil da dignidade humana no constitucionalismo brasileiro.

Com relação ao princípio da universalidade, deve-se ressaltar que ele não significa, por exemplo, que todos os indivíduos tenham acesso ilimitado à cobertura e atenção dos benefícios da saúde, assistência e previdência social[171], pois precisam cumprir determinados requisitos para a aquisição destas prestações. Já o princípio da igualdade centra-se necessariamente nos destinatários destes programas sociais, de modo que se possa lograr êxito na redistribuição de riquezas, diminuindo as desigualdades regionais

(170) LOBATO, 2009, p. 722.

(171) *Vide* art. 194 da CF/88.

e sociais do país (art. 3º da Constituição). A seu turno, ainda que muitos possam ser os meios e fins seguidos pelas políticas públicas para alcançar aludida distribuição de renda, a seletividade e a equidade na prestação de benefícios e serviços devem ser interpretadas como o enfoque principal, e não residual, das políticas públicas. Isso significa que as políticas sociais que não se destinam, a médio e longo prazos, à efetiva redistribuição da riqueza, mas se contentam em distribuir prestações mínimas *ad infinitum*(172), são incapazes de restaurar, definitivamente, a autonomia aos beneficiários por meio da satisfação de suas *necessidades humanas básicas*.

Seguindo os ensinamentos de Canotilho, não se pode assumir uma Constituição democrática e pluralista que não privilegie a importante participação popular e a descentralização política. Portanto, a sociedade civil pode e deve colaborar com os órgãos do poder estatal, bem como fiscalizar as políticas públicas e realizar ações e programas sociais sem que, todavia, substitua o Estado em sua tarefa de proporcionar e garantir que todos tenham acesso aos direitos sociais fundamentais.

A reserva do possível constitui-se em um mecanismo jurídico para verificação da constitucionalidade das políticas de afirmação dos direitos sociais fundamentais. Ela deve ser compreendida como uma imposição constitucional *no sentido de aquilo que o indivíduo pode esperar razoavelmente da sociedade*(173). Isso significa que as *necessidades humanas básicas*, ou seja, o conteúdo essencial dos direitos sociais fundamentais, constituem o limite mínimo da reserva do possível, por debaixo do qual se criam situações de verdadeira inconstitucionalidade e de menosprezo da dignidade humana. Portanto, limitações de recursos públicos não justificam que o Estado não proporcione os serviços básicos sociais determinados na Constituição, pois esta atuação somente pode ser definida pelos poderes públicos com base no paradigma das *necessidades básicas*.

Continuando, o princípio de proibição do retrocesso ou retroatividade é um grande avanço na busca de níveis mais justos e dignos da vida humana. Este princípio impede que direitos sociais já disciplinados e garantidos pela legislação comum e implementados por meio de políticas sociais pelo Estado sejam extintos ou diminuídos em grau de satisfação, o que configuraria o vazio do direito mesmo, dado que os direitos sociais fundamentais são imposições constitucionais. Esse princípio, portanto, é uma consequência da segurança jurídica, compreendida como um dos direitos fundamentais (art. 5º, *caput* da Lei Magna) que, à diferença do constitucionalismo

(172) Este é o caso dos vários programas sociais em curso no Brasil.

(173) ALEXY, 2006, p. 425.

liberal, não contempla somente as medidas referentes ao direito de propriedade, mas também, e com muito mais ênfase, protege as *necessidades humanas básicas*, especialmente as dos mais necessitados.

Com certeza, quando se trata de políticas sociais, a segurança jurídica aponta para a satisfação das *necessidades básicas* originadas na própria dignidade humana. Além disso, a segurança jurídica, no curso das políticas sociais, não tem a intenção de restringir o pluralismo, a confrontação ideológica ou a possibilidade de modificações, mais sim, trata de assegurar que o debate e a luta política se levem a cabo em bases materiais onde todos tenham oportunidades reais de exercer sua autonomia. Visto assim, a segurança que os direitos sociais fundamentais determina é garantia de que a democracia não será identificada com os momentâneos ideais políticos de uma maioria (política) que, de forma temporal, assuma a condução das políticas sociais.

Já o princípio da uniformidade obriga, no sistema federativo brasileiro, que certas particularidades relativas à formulação e execução de políticas sociais sejam cumpridas. Assim que a União, os Estados, o Distrito Federal e os Municípios não estão autorizados a criar distinções injustas entre as unidades federadas ou entre regiões e zonas geográficas do país. Tudo isso é consequência lógica do princípio da igualdade que, a seu turno, é parte estrutural do Estado Democrático de Direito. Por outro lado, cabe afirmar que as diferenças regionais (econômico-financeiras, sociais e culturais) do extenso território pátrio vinculam, de conformidade com a Constituição[(174)], os poderes públicos para superar as referidas diferenças produtoras de injustiças sociais agudas.

Finalmente, o princípio da proporcionalidade, analisado sob um sentido amplo de proibição de excessos, significa, como já foi visto, que em caso de colisão entre distintos direitos fundamentais protegidos pela Constituição, os Poderes Legislativo e Executivo, por meio dos limites imanentes, e o Poder Judiciário possam, de maneira sempre motivada, estabelecer graus de precedência de um direito ou um princípio sobre outro. Significa dizer, uma ponderação é racional se o enunciado de preferência ao que conduz pode ser fundamentado racionalmente.

Todos estes princípios, vinculantes das políticas públicas no ordenamento jurídico-constitucional brasileiro, funcionam como parâmetros indiscutíveis de validade das políticas sociais adotadas pelos órgãos governamentais e legislativos, sob pena de serem declarados inconstitucionais

---

(174) *Vide* arts. 3º, III e 170, VII da CF/88.

e, portanto, desprovidos de eficácia prática. A este respeito, deve-se conscientizar que uma democracia não se constrói com fome, miséria, ignorância, analfabetismo e exclusão, e ela somente é um processo justo de participação política se existir uma justiça distributiva no plano dos bens sociais.

Concluindo, acrescentando o posicionamento de Canotilho, o Estado Social somente pode desempenhar de forma positiva suas tarefas de sociabilidade se se verificam quatro condições básicas: a) provisões financeiras do Estado necessárias e suficientes, o que implica um sistema fiscal eficiente para assegurar relevante capacidade de coação tributária; b) estrutura do gasto público dirigida ao financiamento dos serviços sociais e para inversões produtivas; c) orçamento público equilibrado com o fim de assegurar o controle do deficit público e evitar que um grande deficit tenha impactos negativos sobre o valor da moeda; e e) taxa de crescimento médio da renda nacional de valor mediano ou elevado. Entretanto, assevera o autor, a verificação de todas estas condições põe o Estado Social em um verdadeiro problema. Em primeiro lugar, o modelo social relativo às premissas indicadas é típico de países ricos. Em segundo plano, inclusive nos países ricos, ele pode ser questionado por várias razões.

II.7) O princípio de proibição de retrocesso social

O princípio da democracia aponta para a proibição de retrocesso social, significando a interdição de uma contrarrevolução social ou uma evolução reacionária(175), considerando que os direitos em comento são intangíveis e irredutíveis. Com isto pretende-se afirmar que os direitos sociais fundamentais, uma vez alcançado um certo nível de realização, passam a constituir, simultaneamente, uma garantia institucional e um direito subjetivo.

Para Canotilho, baseado na doutrina alemã, a proibição do retrocesso social nada (ou pouco, via de regra) pode fazer contra as recessões e crises econômicas, mas o princípio em questão limita a reversibilidade dos direitos adquiridos (por exemplo, a previdência social, o seguro-desemprego), em clara proteção dos princípios da confiança e da segurança dos cidadãos no âmbito socioeconômico, assim como do núcleo essencial das *necessidades humanas básicas* inerente ao respeito da dignidade humana. O reconhecimento desta proteção é um limite jurídico dos poderes estatais e, ao

---

(175) CANOTILHO, 2010, p. 338.

mesmo tempo, uma obrigação de seguir uma política coerente com os direitos concretos e expectativas subjetivamente fundadas[(176)].

Entretanto, importante observar que este princípio, ainda que nos citados momentos de crise econômica e recessão, também impõe limites contra a reversão do direito adquirido, que também está consagrado na Constituição Brasileira em seu art. 5º, XXXVI. Com esta afirmação, o direito adquirido ganhou mais força quando se trata de qualquer tema relacionado com os direitos sociais fundamentais e seu não retrocesso social. Isto significa que a liberdade de conformação dos poderes estatais, em especial do Legislativo relativo às leis sociais, nunca se poderá afirmar sem reservas, já que sempre estará submetida aos princípios da igualdade, da proibição de discriminação, de retroatividade social e de políticas antissociais.

A propósito, o princípio em comento pode-se formular da seguinte maneira: o núcleo essencial dos direitos sociais (ou seja, as *necessidades humanas básicas*) já realizado e efetivado por meio de medidas estatais (como, por exemplo, a Lei de Previdência Social, a Lei do Seguro-Desemprego, a Lei dos Serviços de Saúde, a Lei do Sistema Único de Saúde) deve ser considerado constitucionalmente garantido, considerando-se inconstitucionais quaisquer medidas dos poderes públicos que, alterando os atos anteriores, não criem outras alternativas compensatórias, traduzindo-se, na prática, na anulação, derrogação ou aniquilação pura e simples do aludido núcleo. Não se trata, portanto, de proibir um retrocesso social vinculado em termos ideológicos ou de garantir, em abstrato, um *status quo* social, mas sim de proteger os direitos sociais fundamentais, especialmente em seu núcleo essencial[(177)]. Assim, tomando-se em conta o princípio da unidade da Constituição, que obriga ao intérprete desta norma considerá-la como um todo orgânico, ao restringir um direito social, somente é possível fazê-lo em conformidade com a totalidade do texto magno[(178)]. Em outras palavras, quando um direito social é introduzido no ordenamento constitucional brasileiro, ocorre uma espécie de endurecimento da norma (considerando--se uma cláusula pétrea do Texto Constitucional), já não podendo ser modificada em detrimento da mesma, ou seja, as conquistas sociais não retrocedem.

---

(176) CANOTILHO, 2010, p. 338-339.

(177) CANOTILHO, 2010, p. 339-340.

(178) CARVALHO, Osvaldo Ferreira de; OLIVEIRA, Vitor França Dias; QUEIROZ, Ari Ferreira (orien.). *O direito alemão e a nova proposta de exigibilidade dos direitos sociais*. Disponível em <http://www.cpgls.ucg.br/ArquivosUpload/1/File/CPGLS/IV%20MOSTRA/DIREITO/O%20Direito%20alemal.pdf> Acesso em: 27.9.11, p. 4.

Alguns autores, como Paulo Otero[179], afirmam que o princípio de proibição do retrocesso social vincula somente o Poder Legislativo, o que não ocorreria nos casos de atos praticados pela Administração Pública. Ou seja, o autor sustenta que a regulação governamental poderia ser inclusive reacionária, independentemente de que o legislador não o fora. Esta ponderação é, de fato, absurda, pois o problema não se radica, por óbvio, na forma e competência inicial do ato adotado pelo poder público. A chave é saber se o ato estatal, independente de seu titular, esvazia o conteúdo essencial de realização jurídica de um direito social específico.

Até pouco tempo, a principal preocupação existente era com as conquistas dos direitos sociais e, para bem ou para mal, a sociedade em geral obteve um certo grau de satisfação a respeito dos mesmos. Passada a fase de conquista, a temática hoje bastante comentada e festejada, inclusive pelos poderes públicos (Executivo e Legislativo), é de suprimir tais preceitos em nome de um desenvolvimento econômico maior, fruto dos efeitos diretos do processo de globalização da economia. Diante desta postura, a grande preocupação que se apresenta é com a manutenção dos direitos obtidos, e um dos instrumentos para garantir a eficácia destas conquistas e sua não supressão é o princípio de não retrocesso social.

Com maior ênfase, deve-se assinalar que dito princípio não se encontra expresso em nenhuma legislação pátria. Não obstante, sob uma construção doutrinária interpretativa sobre os direitos sociais fundamentais no ordenamento constitucional brasileiro, tomando-se por referência as lições de Canotilho ao analisar os mesmos preceitos na Constituição Portuguesa, pode-se afirmar que o princípio de proibição de retrocesso social encontra-se presente no Título II (Dos Direitos e Garantias Fundamentais) e no Capítulo I do Título VII (Da Ordem Econômica e Financeira) da Constituição de 1988[180]. Na visão do referido autor, o princípio de não retrocesso social apresenta-se como um ramo de outro princípio, o da democracia social e econômica.

A propósito, é estimulante e importante a missão de identificar, nas disposições da Constituição Brasileira, o aludido princípio para reforçar e legitimar sua efetiva implementação. Em primeiro lugar, podem-se destacar os conteúdos dos arts. 1º, 2º e 3º da Constituição. A este respeito, Silva assinala o art. 1º, entre outros, como o lar do princípio democrático[181]. O

(179) OTERO, Paulo. O poder de substituição em direito administrativo. In: CANOTILHO, 2010, p. 340.

(180) CANOTILHO, 2010, p. 342.

(181) SILVA, 2005, p. 40.

art. 2º menciona a separação dos poderes, enquanto o art. 3º relaciona os objetivos fundamentais e impostergáveis da República Federativa do Brasil, entendendo-se que sua realização constitui-se em um meio para lograr a plena satisfação dos fundamentos do Estado Democrático, tal como o estabelece o primeiro artigo. Estes dispositivos combinam-se com o *caput* do art. 5º, que se ocupa dos direitos e deveres individuais e coletivos, assim como com o art. 6º, que versa sobre os direitos sociais fundamentais. O art. 170 constitucional aborda os aspectos de realização da ordem econômica.

Além das disposições mencionadas, pode-se identificar o princípio de não retrocesso social no art. 5º, XLI, da Constituição Brasileira, que inclusive ordena um castigo legal para qualquer tipo de retrocesso referente aos direitos e liberdades fundamentais. Para Silva(182), a citada disposição constitui uma garantia penal dos direitos fundamentais, incluído o princípio democrático do citado art. 1º constitucional.

Com tudo isso, pode-se afirmar que os princípios da democracia socioeconômica e do não retrocesso social estão presentes no ordenamento jurídico-constitucional brasileiro. Seu significado não é outro que garantir condições materiais básicas para que a democracia não seja prerrogativa de uns poucos, mas que, na realidade, possibilite melhorias nas condições de vida de todos, em especial dos mais desamparados, com a importante tarefa de igualar as distintas situações sociais, promovendo o verdadeiro espírito do direito de igualdade.

II.8) Judicialidade(183)(184) dos direitos sociais fundamentais: obstáculos e possibilidades

De início, é importante indicar que o reconhecimento dos direitos sociais fundamentais como direitos plenos não se alcançará até superar as

(182) SILVA, 2005, p. 139.

(183) De acordo com ALEXY, somente se considera norma de direito fundamental aquela cuja lesão possa ser conhecida pelos tribunais. Esta é a razão pela qual se utiliza neste estudo a expressão "judicialidade", e não exigibilidade. Apesar dos dois termos se apresentarem comumente como sinônimos, aqui se assume que judicialidade é espécie da que a exigibilidade é gênero. Enquanto a exigibilidade de um direito, em especial um direito social fundamental, pode dar-se contra várias instâncias (públicas de todas as esferas e mesmo privadas) pelas formas mais distintas, a judicialidade caracteriza-se como forma específica de exigibilidade perante os tribunais. (ALEXY, 2006, p. 484-500).

(184) Termo utilizado pelo Supremo Tribunal Federal no acórdão prolatado no STA 175 – AgR/CE (Disponível em: <http://redir.stf.jus.br/paginadorpub/paginador.jsp?docTP=AC&docID=610255> Acesso em: 11.10.11).

barreiras que impedem sua adequada judicialidade, entendida como a possibilidade de reclamar perante um juiz ou tribunal o cumprimento das obrigações que se derivam do direito[185]. De fato, ainda que um Estado cumpra habitualmente com a satisfação de determinadas necessidades ou interesses tutelados por um direito social fundamental, não se pode afirmar que os beneficiados pela conduta estatal gozam deste direito como direito subjetivo até verificar se a população se encontra, em realidade, em condições de demandar judicialmente a prestação estatal ante um eventual descumprimento. Dito de outro modo, o que qualificará a existência de um direito social como direito pleno não é simplesmente a conduta cumprida pelo Estado, mas também a possibilidade de reclamá-lo ante um eventual descumprimento.

A propósito, os compromissos e as teorias dos direitos sociais fundamentais, em sua aplicação concreta, podem encontrar possibilidades para dar-lhes efetividade, ou mesmo obstáculos, a depender de como se estrutura a jurisdição constitucional em cada país. Nos próximos tópicos serão analisadas as concepções sobre a judicialidade dos referidos direitos no ordenamento jurídico brasileiro. Superada esta discussão, mais adiante será verificado o modelo de jurisdição constitucional existente no Brasil e as possibilidades que este permite na tarefa de conferir plena efetividade à Constituição.

Primeiramente, adiantando-se ao debate que se sucederá, registre-se que o Poder Judiciário brasileiro não pode formular e aplicar políticas sociais por sua própria iniciativa e vontade, pois sempre deve ser provocado pelas partes interessadas em defender o direito mesmo. Ademais, esta função é originária dos demais poderes estatais. No entanto, o Judiciário pode controlar aludidas políticas sob o prisma constitucional, especialmente no que diz respeito ao núcleo essencial dos direitos sociais fundamentais. Ou seja, estes direitos podem ser reclamados perante os tribunais sem que ocorra nenhum tipo de ruptura da competência constitucional ou dos pilares da democracia pluralista vigente no Brasil. *A priori*, é importante ter em conta a seguinte posição do Supremo Tribunal Federal, a Corte Suprema[186] Constitucional no Brasil, que sinalizou:

> "A questão da legitimidade constitucional do controle e da intervenção do Poder Judiciário em tema de implementação de políticas públicas,

---

(185) WASHINGTON. Uma onda em águas tranquilas, citado por ABRAMOVICH, Victor; COURTIS, Christian. Apontamentos sobre a exigibilidade judicial dos direitos sociais. In: SARLET, 2003, p. 144.

(186) Esta denominação foi conferida pela Constituição Brasileira de 1934.

quando configurada hipótese de abusividade governamental. Dimensão política da jurisdição constitucional atribuída ao Supremo Tribunal Federal. Inoponibilidade do arbítrio estatal à efetivação dos direitos sociais, econômicos e culturais. Caráter relativo da liberdade de conformação do legislador. Considerações em torno da cláusula da "reserva do possível". Necessidade de preservação, em favor dos indivíduos, da integridade e da intangibilidade do núcleo consubstanciados do "mínimo existencial". Viabilidade instrumental da arguição de descumprimento no processo de concretização das liberdades positivas (direitos constitucionais de segunda geração)."[(187)]

Portanto, serão examinadas as possibilidades de consignar aos direitos sociais fundamentais, à luz do Texto Magno de 1988, as características de um pleno direito subjetivo à prestação estatal. Os obstáculos a referido âmbito também serão enfrentados, dada a importância de fundamentar completamente a tese defendida. É importante destacar que a análise se desenvolverá a partir do conceito das *necessidades humanas básicas*, entendidas como o conteúdo essencial dos direitos sociais fundamentais.

O ponto de partida para esta análise é a observação de que aos direitos de liberdade se reconhece uma maior eficácia e aplicabilidade. Obviamente, não se pretende, de nenhuma maneira, amenizar a normatividade consagrada aos direitos de primeira geração mas, pelo contrário, contribuir para tornar plena a concretização constitucional que configura um inaceitável quadro de caracterização constitucional seletiva[(188)], já que os direitos fundamentais devem ser considerados indivisíveis, não existindo qualquer hierarquia entre os mesmos.

II.8.a) Possibilidade de reclamar os direitos sociais fundamentais nos tribunais. Respaldo no princípio da dignidade da pessoa e na realização plena das necessidades humanas básicas

A primeira questão que se deve enfrentar é se os direitos subjetivos sociais definidos no art. 6º e outros da Constituição podem ser reclamados de forma individual ou coletiva nos tribunais, já que constituem as *necessidades humanas básicas* ou, segundo outros doutrinadores, o mínimo

(187) ADPF n. 45 MC/DF. Disponível em: <http://www.stf.jus.br/portal/jurisprudencia/visualizarEmenta.asp?s1=000072044&base=baseMonocraticas> Acesso em: 11.10.11.

(188) LINS, 2009, p. 59.

existencial[189], não se constituindo, sob um prisma ou outro, em meras abstrações, mas que integram o conceito mesmo de dignidade humana.

O argumento que se defende nesta dissertação é que se pode responder afirmativamente à pergunta formulada, baseado na intenção expressada pelo *caput* do art. 1º constitucional, assim como em seu inciso III, que configuram juridicamente a República Brasileira como um Estado Democrático de Direito que tem, entre seus fundamentos, a dignidade da pessoa. Ou seja, a ausência de legislação constitucional ou de políticas públicas concretas não é obstáculo para que os indivíduos busquem a condenação judicial do Estado para prestar referidos serviços de modo a garantir-lhes condições dignas de vida social.

Tomando emprestado os conhecimentos de Alexy, ao analisar uma decisão do Tribunal Constitucional alemão sobre o tema da assistência social, destaca-se que se *o legislador abstém-se de maneira arbitrária, ou seja, sem razões objetivas, para levar a cabo esse dever, daí poderia surgir para o indivíduo uma pretensão, assegurável por meio de recurso de inconstitucionalidade*[190].

Portanto, dois aspectos devem ser considerados a respeito deste óbice: afirma-se neste estudo que, tratando-se de direitos sociais fundamentais, o mínimo existencial nem sempre é suficiente, necessário e adequado para assegurar aludidos direitos, devendo-se superar esta ideia para adotar a de realização plena das *necessidades humanas básicas*. Consequentemente, argumenta-se que, nestas matérias, a demanda deve ser resolvida por meio da ponderação equilibrada dos bens e valores conflitivos (por exemplo, o direito à saúde, por um lado; a incapacidade financeira do Estado, a separação dos poderes e eleições pluralistas relativas aos gastos públicos, pelo outro). De fato, o que exceder a concepção das *necessidades humanas básicas* pode e deve ser garantido pelo Poder Judiciário se o resultado da ponderação dos bens e dos valores levar à a conclusão de que, no caso concreto, o direito social tem precedência sobre os outros valores em conflito.

A objeção de deficiência de judicialidade dos direitos sociais fundamentais deve ser rechaçada baseada, também, na constatação de que os problemas que surgem no âmbito deste modelo não se distinguem, em sua essência, daqueles que existem no caso dos demais direitos fundamentais[191]. Em geral, pode-se afirmar que a existência de um direito não pode depender exclusivamente de sua judicialidade, não importa como

(189) Para o enfrentamento desta questão, não importa a posição doutrinária adotada (mínimos existenciais ou *necessidades humanas básicas*), pois se admite que os resultados seriam idênticos.
(190) ALEXY, 2006, p. 436.
(191) KLEIN, Friedrich. Vorbemerkung. In: ALEXY, 2006, p. 513-514.

ela seja definida. Pelo contrário, se existe um direito, ele é judicializável. O fato de que os direitos sociais fundamentais dependam de uma normatização infraconstitucional não é uma objeção decisiva, pois competências e procedimento também dependem deste tipo de regulação.

Como demonstram as jurisprudências dos Superiores Tribunais brasileiro e alemão, um Tribunal Constitucional não é, de nenhuma maneira, impotente frente a um legislador omisso[(192)], tendo em conta a dimensão política da jurisdição constitucional. O espectro de suas possibilidades processuais-constitucionais vai desde a usual constatação de uma inconstitucionalidade, passando pelo estabelecimento de um prazo dentro do qual se deve desenvolver uma legislação ou uma atuação de política pública de conformidade com a Constituição, até a determinação judicial direta do que é obrigatório em virtude do mesmo texto jurídico.

A razão de existência dos direitos fundamentais é exatamente a de que aquilo que é especialmente importante para o indivíduo, pode e deve ser judicialmente protegido e garantido. Visto de outra maneira, a todos são conferidas posições no contexto dos direitos a prestações, na forma de direitos sociais fundamentais que, desde o ponto de vista do direito constitucional, são tão importantes que a decisão sobre sua garantia não pode ser simplesmente deixada em mãos de uma maioria (parlamentar o governamental)[(193)].

II.8.b) Os custos dos direitos sociais fundamentais e o princípio da reserva do possível

Inicialmente, dentro da base metodológica adotada nesta dissertação, é imperativo pugnar por uma urgente inversão de valores, primando pela preponderância do jurídico ante o econômico pois, em um Estado Democrático de Direito, deveria ser a ordem jurídica (a concretização dos direitos sociais fundamentais) que determinasse as condições econômicas, e não o contrário.

Como ensina Pisarello[(194)], o que o benefício de uma categoria de direitos (os civis e políticos) celebra como sendo uma virtude do constitu-

(192) SCHMIDT, Walter. Soziale grundrechte im verfassungsrecht der bundesrepublik deutschland. In: ALEXY, 2006, p. 514.

(193) ALEXY, 2006, p. 511-512.

(194) PISARELLO, Gerardo: *Debate: Ferrajoli e los derechos fundamentales:* ¿qués garantías? Disponível em: <http://aulavirtual.upo.es:8900/webct/urw/lc102116011.tp0/cobaltMainFrame.dowect> Acesso em: 8.10.11.

cionalismo (limites aos poderes constituídos), esta mesma virtude se apresenta, em relação aos direitos sociais fundamentais, como uma ameaça perigosa. Isso porque se repete, até o esgotamento, que os direitos sociais são gravosos e requerem uma complexa série de intervenções e, portanto, de nenhuma maneira poderiam ser concretizados por meio de decisões judiciais enquanto não adotadas as políticas públicas estabelecidas na Constituição. Sob este ponto de vista, os direitos sociais fundamentais não poderiam ser exigidos por seus titulares, já que existiriam restrições orçamentárias que impedem sua plena realização.

Seguindo este raciocínio, é comum, mas ultrapassado, o entendimento doutrinário de que o Judiciário, por não deter a competência para gerir a receita e os gastos orçamentários do Estado, não poderia exigir dos demais poderes a realização de políticas governamentais e legislativas geradoras de emprego e renda, por exemplo, pois tal atitude seria contrária aos princípios da democracia pluralista que figuram na Carta Constitucional, ou seja, a participação popular, a ampla representatividade e a liberdade dos partidos políticos.

Ainda contra a judicialidade dos direitos sociais fundamentais, mesmo tendo reconhecimento constitucional, alguns autores sustentam que como se trata de direitos que estabelecem obrigações positivas de prestação, seu cumprimento dependeria da disposição de fundos públicos, o que impediria que o Poder Judiciário impusesse ao Estado o cumprimento de condutas de dar ou de fazer. Sob outro ponto de vista, afirmam alguns doutrinadores que o Judiciário não é o gerente do orçamento geral do país e, portanto, em uma demanda judicial não se pode discutir a aplicação do direito e ter uma visão global da gestão de receitas e gastos públicos. Por outro lado, o Poder Judiciário, tendo em conta o sistema constitucional democrático-pluralista, não poderia, em igual termo, ser o único idealizador de políticas sociais, vez que a função jurisdicional não teria competência geral para definir o conjunto de aludidas políticas[195].

Neste sentido, explicando a reticência de muitos textos constitucionais contemporâneos a consagrar verdadeiros direitos fundamentais de prestação no âmbito social, Díez-Picazo defende que *se houvesse direitos prestacionais nascidos diretamente* ex constitutione, *seria difícil levar uma gestão ordenada das finanças públicas. Seriam os tribunais que teriam a última palavra*

---

(195) Para Dworkin, *a Corte deve tomar decisões de princípio, não de política — decisões sobre quais direitos as pessoas têm em nosso sistema constitucional, não as decisões acerca de como promover melhor o bem-estar geral —, e deve tomar essas decisões elaborando e ampliando a teoria substantiva da representação, extraída do princípio de que o governo deve tratar as pessoas como iguais.* (DWORKIN, Ronald. Uma questão de princípio. In: GONÇALVES, 2010, p. 218).

sobre algumas das mais importantes parcelas de gasto público. Ele seria, ademais, questionável em termos de democracia[196].

Assim, com base no conteúdo econômico dos direitos prestacionais, uma parte significativa da doutrina estabeleceu o entendimento de que a efetividade desses direitos está sujeita à reserva das possibilidades financeiras, ou seja, à disponibilidade de fundos do Estado para custear os gastos de realização destes direitos. O princípio da reserva do possível permitiu que alguns juristas negassem categoricamente a competência dos juízes, baseados em seu alegado déficit de legitimidade democrática, para dispor sobre as políticas sociais que requerem gastos orçamentários[197].

Em definitivo, esta distinção é notoriamente frágil. Todos os direitos, sejam civis, políticos, sociais, econômicos ou culturais têm um custo, e prescrevem tanto obrigações negativas como positivas. Os direitos civis não se esgotam em obrigações de abstenção por parte do Estado, mas podem exigir também condutas positivas e igualmente custosas como, por exemplo: os enormes gastos necessários para implementar um sistema eleitoral que garanta o direito de voto; o conteúdo econômico involucrado em garantir a prestação (positiva) jurisdicional que possibilite o direito (negativo) de que ninguém se veja privado de sua liberdade ou de seus bens sem o devido processo legal; os custos originários do princípio do duplo grau de jurisdição; o mesmo acerca da garantia (negativa) de que ninguém se verá obrigado a fazer ou deixar de fazer algo, senão em virtude da lei; a manutenção (extremamente custosa) das esferas dos poderes públicos federal, estadual e municipal; o custo de registro e proteção dos direitos de autor e da propriedade intelectual; os gastos da atividade administrativa de regulação, do exercício do poder de polícia e da proteção frente às interferências ilícitas de outros particulares e do próprio Estado. Os exemplos são intermináveis.

Em sentido simétrico, os direitos sociais tampouco se esgotam em obrigações positivas. Igualmente ao caso dos direitos civis e políticos, quando os titulares tenham tido acesso ao bem que constitui o objeto destes direitos — saúde, moradia, educação, previdência social, entre outros —, o Estado tem a obrigação de abster-se de realizar condutas que os afetem, o que significa ausência de gastos públicos. Portanto, pode-se concluir que todo e qualquer direito requer, para sua efetividade, obrigações positivas e/ou negativas, e estas podem demandar ou não um custo econômico.

---

(196) DÍEZ-PICAZO, 2008, p. 44.

(197) KRELL, 2002, p. 52.

De toda sorte, parece claro que os direitos fundamentais, tanto individuais como sociais, não dispõem de garantia efetiva sem a ação do Estado concorrente. Portanto, desde a perspectiva da garantia jurisdicional, não parece haver nenhuma distinção entre os direitos fundamentais de primeira e de segunda gerações.

Com refinamento jurídico, Piovesan assevera que os obstáculos para a aplicação da maioria dos direitos sociais são mais políticos que físicos. Por exemplo, há mais que suficiente alimento no mundo para alimentar a todos os indivíduos (satisfação do direito social de alimentação adequada). A fome e a desnutrição generalizada existem não devido à uma insuficiência de alimentos, mas em virtude de decisões políticas sobre sua distribuição[(198)].

Assim, deve-se considerar que mesmo os direitos sociais fundamentais podem ter, sobretudo quando há muitos que deles necessitem, grandes efeitos financeiros. Considerando este ponto de forma isolada, isto não justifica uma conclusão contrária à sua existência, exigibilidade e judicialidade, pois a força do princípio das competências orçamentárias do legislador não é ilimitada nem se configura em um princípio absoluto, vez que os direitos sociais fundamentais costumam ter maior peso que razões político-financeiras.

No Brasil, pode-se afirmar, com conhecimento de causa, que o citado princípio da reserva do possível exerce, muitas vezes, a função de argumentação retórica destinada a desclassificar, *a priori*, os direitos sociais fundamentais, já que os poderes públicos costumam afirmá-lo mesmo sem verificar previamente a disponibilidade real das finanças do Estado, como se se assumisse que este nunca terá recursos financeiros suficientes para levar a cabo a efetivação de importantes direitos.

Na prática, os poderes estatais alegam o princípio da reserva do possível como fundamento para justificar as seguintes situações, todas reprováveis: a) a total desvinculação jurídica do legislador quanto à dinamização dos direitos sociais consagrados na Constituição; b) a tendência a zero da eficácia jurídica vinculante dos preceitos legais consagrados; c) uma dimensão gradual (no tempo) para a realização dos direitos sociais, tendo em conta especialmente as limitações financeiras; e d) pouca densidade legislativa e administrativa reconhecedoras de referidos direitos.

De fato, o princípio da reserva do possível, pensado no marco do processo constitucional, pelo menos impõe uma condição prévia para afirmá-lo em caso de eventual impedimento à realização de um direito social: a

---

(198) PIOVESAN, 2002, p. 38.

demonstração da real incapacidade financeira do Estado, ou seja, a obrigação de provar que os poderes públicos não podem assumir com os custos para implementar o serviço público no que consiste o direito mesmo, pois isto não se pode admitir abstratamente[(199)].

Sobre o tema, a reserva do possível poderia, teoricamente, ser considerada como um argumento válido quando apresentado em termos absolutos (falta real de recursos), o que justificaria em um determinado momento, a falta de promoção de políticas públicas nos países pobres, como algumas nações africanas e asiáticas. No entanto, esta reserva não é justificável para negar ações sociais em países considerados entre as maiores economias do mundo, como é o caso do Brasil[(200)]. Em uma situação como a brasileira, a reserva do possível não é mais que um pretexto para justificar a negação da intervenção estatal em prioridades socioconstitucionais. Em tal situação, isto não representa uma reserva do possível, mas sim uma reserva de injustiça[(201)].

Mais acertada, pois, é a posição que impõe à concretização dos direitos sociais fundamentais a sujeição ao princípio da razoabilidade, aqui compreendido não somente como técnica de equilíbrio entre os distintos interesses, mas também como princípio legitimador capaz de conferir proporcionalidade às decisões judiciais. Assumindo que aludidos direitos são fundamentais na medida em que servem à satisfação das *necessidades humanas básicas*, o princípio da razoabilidade adquire um papel central na determinação do que se pode ou não exigir como um direito social fundamental. Assim, somente sobre o que exceder as *necessidades humanas básicas* é que se poderia, em tese, aceitar como limitado pela reserva orçamentária devidamente comprovada.

Não menos importante argumentar que o orçamento do Estado é originário dos tributos impostos autoritária e coercitivamente aos cidadãos, não se admitindo, de maneira alguma, a não satisfação das *necessidades humanas básicas* por parte dos poderes públicos, que têm a obrigação constitucional de garantir o bem-estar social a todos. A este respeito, Canotilho ressalta que os direitos sociais postulam esquemas de unilateralidade, pois o Estado deve garantir e pagar certas prestações a alguns cidadãos, vez que os direitos sociais eliminam a reciprocidade, quer dizer, o esquema de intercâmbio entre os cidadãos que pagam e os cidadãos que recebem os benefícios.

---

(199) LINS, 2009, p. 63.

(200) O Brasil ocupa, em 2013, a sétima posição no *ranking* das maiores economias do mundo, com um produto interno bruto (PIB) de 2,3 trilhões de dólares. *PIB Mundial*. Disponível em: <http://www.terra.com.br/economia/infograficos/pib-mundial/> Acesso em: 9.1.13.

(201) MASTRODI, 2008, p. 103-104.

Contribuindo para o debate acerca da questão, chama a atenção o fato de que a negação dos direitos sociais fundamentais baseada na restrição financeira supõe um orçamento limitado, ignorando que os recursos públicos são captados em caráter permanente e, portanto, em princípio, nada impede que um orçamento posterior assuma os gastos relativos a mencionados direitos, ou mais, que haja uma simples transferência de recursos. Na mesma linha de raciocínio, a negação da implementação dos direitos sociais quando da definição e distribuição da receita orçamentária não respeita o critério democrático da vontade popular. Se, pelo contrário, houvesse decisão baseada nos interesses da maioria, sem dúvida nenhuma o orçamento dirigir-se-ia primeiramente à satisfação destes interesses concretos, equilibrando as relações sociais de modo a conferir igualdade material aos indivíduos e promover a dignidade de todos os integrantes deste corpo social.

Outro obstáculo imposto pelas teorias conservadoras refere-se a definir qual seria o alcance do exercício dos direitos sociais fundamentais em períodos de crises econômicas, quando pode restar pouco para ser distribuído. Neste caso, poderia parecer plausível a objeção de que a existência de referidos direitos de forma definitiva e vinculante tornaria impossível a flexibilidade necessária em referidos tempos, podendo converter uma crise econômica em uma crise constitucional[(202)]. Contrariando esta objeção, é necessário observar, em primeiro lugar, que nem tudo aquilo que em um determinado momento é considerado uma necessidade humana básica é exigível em outro período (por exemplo, devido à sua satisfação anterior ou à urgência e necessidade em concretizar outro direito social — caso de conflito entre dois ou mais direitos fundamentais), de modo que somente nesta hipótese pode-se admitir uma flexibilização ponderada de referidos direitos. Por último, deve-se consignar que é precisamente nos referidos tempos de crise que a proteção constitucional dos direitos sociais, ainda que mínima, é imprescindível.

Cabe, neste sentido, referir-se à esclarecedora manifestação do Comitê de Direitos Econômicos, Sociais e Culturais das Nações Unidas[(203)] contida em sua Opinião-Geral n. 9 ("A aplicação interna do Pacto"), de 1998:

> no tocante aos direitos civis e políticos, geralmente dá-se por suposto que é fundamental a existência de recursos judiciais frente às violações destes direitos. Lamentavelmente, no tocante aos direitos econômicos, sociais e culturais, com

(202) ISENSEE, Josef. Vefassung ohne soziale grundrechte. In: ALEXY, 2006, p. 513.

(203) Este Comitê é o órgão que supervisiona a aplicação do Pacto Internacional de Direitos Econômicos, Sociais e Culturais por seus Estados-membros.

demasiada frequência, parte-se da suposição contrária. Esta discrepância não está justificada nem pela natureza dos direitos nem pelas disposições pertinentes do Pacto. O Comitê já esclareceu que considera que muitas das disposições do Pacto podem aplicar-se imediatamente. (...) A este respeito, é importante distinguir entre judicialidade (que se refere às questões que podem ou devem resolver os tribunais) e as normas de aplicação imediata (que permitem sua aplicação pelos tribunais sem mais exames rigorosos). Ainda que seja necessário ter em conta a apresentação geral de cada um dos sistemas jurídicos, não há nenhum direito reconhecido no Pacto que não se possa considerar que possui na grande maioria dos sistemas algumas dimensões significativas, pelo menos de judicialidade. Às vezes tem-se sugerido que as questões que supõem uma destinação de recursos devem remitir-se às autoridades políticas e não aos tribunais. Ainda que haja que respeitar as competências respectivas dos diversos poderes, é conveniente reconhecer que os tribunais já intervêm geralmente em uma gama considerável de questões que têm consequências importantes para os recursos disponíveis. A adoção de uma classificação rígida dos direitos econômicos, sociais e culturais que os situe, por definição, fora do âmbito dos tribunais seria, portanto, arbitrária e incompatível com o princípio de que os dois grupos de direitos são indivisíveis e interdependentes. Também se reduziria drasticamente a capacidade dos tribunais para proteger os direitos dos grupos mais vulneráveis e desfavorecidos da sociedade.

Por um lado, em diversos casos as violações de direitos sociais fundamentais provêm do descumprimento de obrigações negativas por parte do Estado — ligadas à violação de obrigações de respeito. O descumprimento deste tipo de obrigações abre um enorme campo de judicialidade, cujo reconhecimento pode constituir um limite e, por fim, um estândar de impugnação da atividade estatal em desrespeito aos aludidos direitos.

Por outro lado, existem casos de descumprimento de obrigações positivas do Estado, ou seja, omissões do poder público em suas obrigações de realizar ações ou adotar medidas assecuratórias dos direitos em questão. Ainda que considerando-se, por amor ao debate, que nesses casos a decisão judicial poderia não resultar diretamente executável por requerer provisão de fundos por parte dos poderes públicos, cabe ressaltar o valor de uma ação judicial na qual o Poder Judiciário declare que o Estado está em mora ou tem descumprido com obrigações assumidas em matéria de direitos sociais fundamentais. Assim, as decisões obtidas podem constituir, ao menos, importantes veículos para canalizar para os poderes políticos as necessidades da agenda pública, expressas em termos de afetação de direitos.

Desta forma, o Poder Judiciário pode ser um poderoso instrumento de concretização de políticas públicas. Por consequência, resulta especialmente relevante a este respeito que seja ele mesmo o que comunique aos demais poderes políticos o descumprimento de suas obrigações nesta matéria. Ainda, quando o poder político não cumpre com as obrigações frente às que é declarado em mora pelo Poder Judiciário, enfrentará a correspondente responsabilidade que derive de sua atuação morosa ante sua própria população.

II.8.c) O conteúdo dos direitos sociais fundamentais

Outro obstáculo à judicialidade dos direitos sociais está vinculado à suposta falta de especificação concreta do conteúdo destes direitos. Argumenta-se que quando uma Constituição fala de direitos à saúde, à educação, ao trabalho ou à moradia, resulta difícil saber qual é a medida exata das prestações ou abstenções devidas. Evidentemente, a exigência de um direito social no âmbito judicial supõe a determinação de um descumprimento, extremo que se torna complexo se a conduta devida não resulta conhecida.

Díez-Picazo sustenta que, na prática, costuma ser difícil declarar a inconstitucionalidade de uma lei somente por vulneração de princípios (regentes — no caso espanhol) da política social e econômica, tendo-se em conta que a maior parte deles tem um enunciado excessivamente vago e genérico. Pois bem, reconhece o autor, às vezes seu enunciado é suficientemente preciso, não sendo acertado concluir que referidos direitos têm uma importância meramente marginal na Constituição. Esta visão das coisas, que é bastante frequente, peca pela simplicidade(204).

Inicialmente, deve-se ressaltar que isso não se trata de um problema ligado exclusivamente aos direitos sociais fundamentais, pois a determinação do conteúdo de qualquer direito de caráter constitucional vê-se afetada pelo mesmo inconveniente da vagueza característica da linguagem natural na que se expressam as normas jurídicas.

Para resolver o presente óbice, deve-se prestar atenção tanto ao conteúdo dos direitos sociais fundamentais como à sua força ou virtualidade, o que é possível quando são entendidos como a realização plena das *necessidades humanas básicas*. Atentando-se para o seu conteúdo, que parte de sua identificação como direitos fundamentais, ter-se-ia a bagagem necessária para medir o estândar ideal dos referidos direitos. Mas, sobretudo, ao ater-se à sua força ou virtualidade, é importante considerar que se existem atualmente alguns elementos ou características que façam reco-

---

(204) DÍEZ-PICAZO, 2008, p. 68-69.

nhecíveis os direitos sociais fundamentais como categoria, estes são a tutela judicial e o respeito de seu conteúdo essencial pelo poder público.

Com referência ao argumento de que as normas de direitos sociais fundamentais são imprecisas e vagas, o que dificultaria sua aplicação imediata e exigiria uma integração legislativa, é de fácil superação, visto que a própria Constituição Brasileira, pelo disposto no § 1º de seu art. 5º, resolve expressamente a questão ao dispor que aludidas normas têm aplicabilidade imediata. Esta ordem constitucional é um mandado de otimização, ou seja, estabelece para os órgãos estatais a tarefa de reconhecer, à luz do caso concreto, a maior eficácia possível às normas definidoras de direitos e garantias fundamentais.

Finalmente, é importante ressaltar os fundamentos que norteiam este estudo, valendo-se dos parâmetros sustentados por Doyal e Gough, os quais configuram, com inquestionável elegância jurídica, o paradigma das *necessidades humanas básicas* para determinar com maior precisão o conteúdo essencial que objetivamente deve compor os direitos sociais fundamentais descritos no art. 6º da Constituição Brasileira, conforme descrição realizada anteriormente (Tópico II.5).

II.8.d) Garantias correspondentes aos direitos sociais fundamentais

Continuando o enfrentamento dos incontáveis obstáculos criados pela doutrina conservadora para a plena judicialidade dos direitos sociais fundamentais, afirma-se que a proclamação e o reconhecimento expresso de referidos direitos nos textos constitucionais e internacionais não se fizeram acompanhados de garantias adequadas, ou seja, de técnicas de defesa e de judicialidade equivalentes às invocadas pelas garantias liberais ou negativas para a proteção dos direitos de primeira geração(205).

Para Ferrajoli, Moreso e Atienza, *faltam em muitos ordenamentos as garantias primárias de muitos direitos sociais. E sobretudo, faltam técnicas jurídicas idôneas para obrigar aos poderes públicos a introduzi-las. Faltam, inclusive, em muitos casos, as técnicas garantistas adequadas para impedir ou reparar o desmantelamento em curso em muitos países das garantias sociais existentes*(206).

Bobbio observa que *o problema que temos ante nós mesmos não é filosófico, senão jurídico e, em um sentido mais amplo, político. Não se trata de saber quais e*

(205) MARTÍNEZ DE PISÓN, 2001, p. 214-215.
(206) FERRAJOLI; MORESO; ATIENZA, 2008, p. 81.

quantos são estes direitos, qual é sua natureza e seu fundamento, se são direitos naturais ou históricos, absolutos ou relativos, mas sim qual é o modo mais seguro para garanti-los, para impedir que, apesar das solenes declarações, eles sejam continuamente violados[(207)]. Já para Calmon de Passos, a Constituição Brasileira foi generosa ao estabelecer os direitos fundamentais, mas imensamente mesquinha, cautelosa e astuta ao garanti-los.

Entretanto, referida tese não é absoluta, e para refutá-la basta utilizar, inicialmente, a lição de Comparato: *O direito vive, em última instância, na consciência humana. Não porque certos direitos subjetivos não estão acompanhados de instrumentos asseguradores próprios que deixam de ser sentidos no meio social como exigências impostergáveis. (...) A vigência dos direitos humanos não depende de seu reconhecimento constitucional, ou seja, de sua consagração no direito estatal como direitos fundamentais*[(208)].

Nesse caso, deve-se fazer uma importante distinção entre os direitos subjetivos — entendidos como expectativas positivas (de prestações) ou negativas (de não lesões) conferidas a um sujeito de direito (indivíduo) — e suas garantias, ou seja, os deveres estatais correspondentes àqueles. Por si só, os direitos subjetivos existem ainda que não protegidos por todas as garantias desejadas. Assim, considerando-se a própria realização dos direitos fundamentais, somente em sociedades democráticas eles são constitucionalmente garantidos, e somente em sociedades que dispõem de um corpo de juízes destinados à proteção dos mesmos é que eles serão efetivamente realizados. *A democracia não pode sobreviver em um sistema em que se deixem desprotegidos os direitos e as liberdades fundamentais*[(209)].

Tomando por referência o ordenamento jurídico brasileiro, carece de fundamento qualquer objeção contra a afirmação dos direitos sociais porque os mesmos são dotados de diversas garantias aptas a fazê-los valer judicialmente, como no caso da utilização, pelo Ministério Público e outras instituições legitimadas, da ação civil pública para defesa dos direitos das coletividades afetadas, entre vários outros instrumentos processuais previstos na legislação, tais como a ação direta de inconstitucionalidade (inclusive por omissão), o mandado de injunção, a arguição de descumprimento de preceito constitucional etc. Assim, o fato de que alguns direitos sociais geralmente exijam um conjunto de princípios cuja eficácia dependa de certas condições de fato não significa que juridicamente não possam ser demandados, como se exigem judicialmente outros direitos subjetivos.

---

(207) BOBBIO, 1992, p. 25.

(208) COMPARATO, 2001, p. 134.

(209) CAPELLETTI, 1993, p. 105.

II.8.e) Princípio da separação dos poderes e a legitimação democrática da jurisdição constitucional

A respeito da atividade do Poder Judiciário, é importante verificar os limites impostos, também, pelo princípio da separação de poderes. É necessário, ademais, superar o problema da legitimidade democrática do Judiciário, ou seja, em um Estado Democrático de Direito, com poderes divididos, até onde pode ir o Poder Judiciário enquanto instância garantidora dos direitos sociais fundamentais?

Se é certo que existe um consenso sobre o papel do juiz como legislador negativo, o mesmo não se pode dizer quando se está falando de uma atuação similar à de legislador positivo ou, eventualmente, de administrador. A partir de outra perspectiva, cumpre verificar se o fato de que o Poder Judiciário não dispõe de um meio de legitimação como os demais poderes (o mecanismo eleitoral para a investidura de seus membros) poder-se-ia inferir que está impedido de atuar a partir de um certo limite. É possível afirmar, inicialmente, para dissipar este argumento, que o Judiciário atua como uma espécie de delegado ou sucessor do poder constituinte para a interpretação e defesa da Constituição e, especialmente, dos direitos fundamentais. Outra posição a favor desta postura é que, com a nomeação dos ministros do Supremo Tribunal Federal (e de outros tribunais) pelo Presidente da República, após a aprovação de sua eleição pela maioria absoluta do Senado Federal (art. 101, parágrafo único da Constituição de 1988), ocorre uma evidente reprodução da vontade popular majoritária.

Aqui se apresentam algumas outras respostas para confirmar a legitimação democrática da jurisdição constitucional. Primeiramente, o princípio da separação de poderes não pode ser visto como um princípio abstrato, fora do contexto histórico. Pelo contrário, o princípio deve ser entendido como se apresenta, em concreto, na Constituição vigente. Cumpre recordar que a Assembleia Constituinte de 1988 confiou em grande medida no Poder Judiciário, que se fortaleceu bastante na nova ordem constitucional. E com relação à legitimidade democrática, está claro que o Poder Judiciário atua, de certa maneira, como um poder contramajoritário para defender os direitos das minorias excluídas e marginalizadas. A este respeito, os tribunais podem dar importante contribuição à representatividade geral do sistema, uma vez que podem permitir o acesso ao processo judicial e, assim, dar proteção a grupos que, pelo contrário, não estariam em condição de obter acesso ao processo político[210]. Significa dizer,

(210) CAPELLETTI, 1993, p. 99.

os grupos mais vulneráveis, ou mesmo o cidadão individualmente considerado, que não possuem voz política, somente terão condições de serem ouvidos por meio do processo judicial mediante o controle de constitucionalidade exercido pelo Judiciário.

A partir de outro ângulo, o devido processo legal, a motivação e a possibilidade de recorrer das decisões dos tribunais e juízes, a publicidade de suas manifestações e a imediata vinculação à Constituição constituem meios de afirmação de referida legitimidade à esfera do Judiciário. Neste sentido, no provimento jurisdicional ocorre a efetiva participação dos interessados, pois são eles quem delimitam os pedidos sobre os quais haverá a manifestação judicial, produzem provas e têm oportunidade de serem ouvidos. Este processo pode ser profundamente democrático, quiçá até em maior grau que o procedimento de votação de uma lei pelo Congresso Nacional, no qual a população diretamente afetada nada tem a fazer a não ser confiar em seus representantes eleitos[(211)].

Desta forma, observa Capelletti: *ainda que a profissão ou a carreira dos juízes possa ser isolada da realidade da vida social, sua função lhes constrange, entretanto, dia após dia, a inclinar-se sobre esta realidade, pois chamados a decidir casos envolvendo pessoas reais, fatos concretos, problemas atuais da vida. Neste sentido, pelo menos, a produção judiciária do direito tem a potencialidade de ser altamente democrática, próxima e sensível às necessidades da população e às aspirações sociais*[(212)].

Uma importante diferença que também necessita ser ressaltada é que o legislador, principalmente, ou o administrador pode atuar em causa própria, na medida em que defende os interesses político-econômicos de determinados grupos sociais, não necessitando serem imparciais nem ouvir as minorias — vez que o jogo democrático guia-se pela regra da maioria — e não precisa aguardar a provocação dos grupos que ele representa. De modo contrário, o Poder Judiciário, ao atuar criativamente no plano social, possui a vantagem de ser guiado pelos limites processuais e procedimentais, que não lhe inibem sua real e potencial atividade, mas implicam uma maior estabilidade e menor sujeição a transformações radicais[(213)].

Não se pode esquecer que a legitimidade democrática do Legislativo e do Executivo merece ser analisada com certa reserva, pois os representantes políticos não necessariamente correspondem às expectativas de seus eleitores, realidade bastante evidente no Brasil e em diversos outros

---

(211) OLSEN, 2008, p. 285.

(212) CAPELLETTI, 1993, p. 105.

(213) CAPELLETTTI, 1993, p. 80.

países. São muitas as normas emanadas destes poderes que não gozam de representatividade, pois vão em direção oposta aos anseios da sociedade.

A propósito, a legitimidade democrática da jurisdição constitucional também pode ser defendida sob a argumentação racional das decisões, ou seja, uma sentença deve ser cumprida não somente em virtude de sua autoridade intrínseca, mas especialmente porque ela é capaz de convencer seus destinatários. Desta maneira, na medida em que existe essa preocupação com o convencimento de seus destinatários, a decisão adquire legitimidade[214].

Com razão, não se está aqui defendendo o deslocamento da ordem constitucional democrática para um sistema estatal-judicial. Por outro lado, se não se deseja um governo de juízes, igualmente não se quer um desgoverno. Por isso, devem ser rechaçadas as omissões abusivas, tanto do legislador como do administrador, no importante âmbito dos direitos sociais fundamentais, caso que implica o controle judicial da omissão.

Ademais, os poderes estatais não são independentes uns dos outros. Se, por um lado, a separação de poderes é uma garantia democrática, pelo outro, o sistema de freios e contrapesos somente funciona em um regime de interdependência e não de independência de poderes, com o necessário controle mútuo, correspondendo ao Poder Judiciário, precisamente, sempre que se imponha como indispensável para a eficácia do direito, integrar o ordenamento jurídico. Desta maneira, o princípio da supremacia da Constituição estabelece que o Judiciário deve assegurar a factibilidade do direito ou garantia constitucional de aplicação imediata, dever que se lhe impõe e graças a que lhe assegura o poder.

Por fim, não há que se falar em superposição ou invasão de um poder pelo outro, e isto por duas razões. Em primeiro lugar, a separação de poderes é um critério útil para a organização do Estado, e tal organização não pode ser um obstáculo para o cumprimento de suas funções principais, a saber, promover, implementar e garantir os direitos fundamentais. Além disso, o Estado é unitário, de modo que a teoria da separação de poderes não se refere especificamente a poderes, pois este é único, mas a funções da organização estatal.

Dessa maneira, a proteção dos direitos sociais fundamentais pelo Poder Judiciário — de modo a que este substitua o Legislativo (na elaboração da norma) ou o Executivo (na implementação destes direitos) — não afronta o princípio constitucional da separação de poderes. Como este princípio somente pode ser considerado a fim de dar proteção as direitos fundamentais,

---

(214) OLSEN, 2008, p. 284.

parece claro que, em caso de conflito entre aquele e a proteção destes, não se pode impedir que um poder estatal atue para assegurar a eficácia de um direito. Assim, sempre e quando exista uma justificação adequada — e a defesa de um direito fundamental cumpriria este requisito —, é possível considerar que um Poder do Estado tem o poder-dever de promover a concretização dos direitos fundamentais, mesmo que isso implique no exercício de atividade que não seja percebida como originalmente de sua competência.

Por todo o exposto, percebe-se que os direitos sociais fundamentais são garantidos e efetivados continuamente por meio de um processo de integração constante entre a Administração Pública, o Poder Legislativo e o Judiciário, seja por meio da implementação de políticas públicas levadas a cabo pelo governo, seja por atuação mediante *interpositio legislatoris*, seja ainda pela aplicação da ordem judicial.

II.8.F) A MARGEM PARA A ELEIÇÃO DE MEIOS E FINS PELOS PODERES PÚBLICOS

Para enfatizar o assunto, cabe destacar que o exame judicial não necessariamente deve centrar-se sobre a determinação de uma conduta a ser exigida do Estado. Quando este assume uma via de ação no cumprimento da obrigação de satisfazer um direito social fundamental, o Judiciário pode analisar também a eleição efetuada pelos demais poderes estatais a partir de noções tais como a razoabilidade do ato e sua adequação, que tampouco são alheias à tradição de controle judicial de atos dos poderes políticos. Neste caso, os juízes não substituem aos poderes políticos na eleição concreta da política pública desenhada para a satisfação do direito social, senão que examinam a idoneidade das medidas eleitas para lograr essa satisfação. Ainda que a margem que tem o Estado para adotar decisões seja ampla, alguns aspectos como a exclusão de certos grupos que requerem especial proteção, a notória deficiência na cobertura das *necessidades humanas básicas* definidas pelo conteúdo do direito social ou a piora das condições de gozo de um direito são possíveis de controle judicial em termos de razoabilidade ou de paradigmas similares[215].

II.8.G) JUDICIALIDADE DOS DIREITOS SOCIAIS FUNDAMENTAIS: UMA REALIDADE IMPRESCINDÍVEL E INCONTESTÁVEL

Deve-se assinalar, rapidamente, um último obstáculo, de índole sociocultural, que potencializa alguns dos anteriores: a ausência de tradição

(215) ABRAMOVICH, Victor; COURTIS, Christian. Apuntes sobre la exigibilidad judicial de los derechos sociales. In: SARLET, 2003, p. 158-159.

de exigência dos direitos sociais — em especial nos casos de direitos que se definem fundamentalmente por uma prestação, como os direitos à saúde, educação, trabalho, moradia, entre outros — por meio de mecanismos judiciais[(216)]. Em que pese a existência de normas de hierarquia constitucional que consagram estes direitos, concepções conservadoras acerca do papel institucional do Poder Judiciário e da separação dos poderes têm provocado certa escassez de exigência destes direitos, assim como um menosprezo das normas que os instituem.

Sem desconsiderar esta dificuldade, não existem razões para não se imaginar que esta situação possa mudar, pois uma tradição não é mais que um conjunto arraigado de atitudes e crenças contingentes. A maneira de revertê-la é, justamente, avançar na apresentação de casos judiciais concretos em que se reclame a violação de direitos sociais fundamentais. A gradual acumulação de precedentes judiciais, que permita extrair princípios de atuação operáveis em contextos análogos, fará possível uma mudança de atitude por parte dos tribunais, bem como uma maior visibilidade desta possibilidade de reclamação judicial por parte dos próprios indivíduos afetados.

Concluindo afirmativamente o debate sobre a possibilidade de se requerer judicialmente a satisfação dos direitos sociais fundamentais, cabe ressaltar que não existe direito social fundamental que não apresente ao menos alguma característica ou faceta que permita sua judicialidade no caso de violação. Nas palavras de Alexy, *Como o tem mostrado a jurisprudência do Tribunal Constitucional Federal [alemão], em modo algum um tribunal constitucional é impotente frente a um legislador inoperante. O espectro de suas possibilidades processuais-constitucionais estende-se, desde a mera constatação de uma violação da Constituição, por meio da fixação de um prazo dentro do qual deve levar-se a cabo uma legislação de acordo com a Constituição, até a formulação judicial do ordenado pela Constituição*[(217)].

---

(216) BUJOSA, Valdell L. La protecção jurisdiccional de los intereses de grupo, citado por ABRAMOVICH, Victor; COURTIS, Christian. Apuntes sobre la exigibilidad judicial de los derechos sociales. In: SARLET, 2003, p. 166.

(217) ALEXY, Robert. Teoría de los derechos fundamentales, citado por ABRAMOVICH, Victor; COURTIS, Christian. Apuntes sobre la exigibilidad judicial de los derechos sociales. In: SARLET, 2003, p. 152-153.

Capítulo III

O Papel da Justiça Constitucional na Promoção do Bem-Estar Social

O ativismo judicial como garantia de afirmação dos direitos sociais fundamentais

Interpretar a Constituição é realizar a Constituição[218].

III.1) A nova significação da atividade judicial e sua relação com os direitos sociais fundamentais

O Poder Judiciário, órgão de soberania que administra a justiça em nome do povo[219], pode e deve contribuir para o aumento da capacidade de incorporação do sistema sociopolítico, assegurando a grupos marginalizados, que carecem dos meios de acesso aos poderes estatais, a oportunidade de expressar suas expectativas e necessidades no processo judicial. Importante ressaltar que a criação jurisprudencial do direito baseia-se principalmente na primazia da constituição.

Além de equilibrar e harmonizar os poderes públicos do Estado, o Poder Judiciário deve assumir os papeis de intérprete e de executor que

(218) MIRANDA, 1998, p. 24.

(219) Conceito emprestado do art. 202 da Constituição da República Democrática Portuguesa.

põem em evidência, inclusive contra o pensamento majoritário eventualmente no exercício do poder, a vontade geral expressa no texto constitucional, privilegiando o princípio da maioria fundadora e constitutiva da comunidade política[220]. Em consequência, é inevitável que a magistratura passe a ter um papel de absoluta relevância, especialmente no que se refere à jurisdição socioconstitucional.

No caso brasileiro, há que ter em conta que a Constituição Cidadã não autoriza, em virtude de disposição expressa, nenhuma distinção entre o regime dos direitos sociais e dos direitos, liberdades e garantias individuais, como sucede, por exemplo, nas Constituições espanhola e portuguesa. Não existe, do ponto de vista daquele texto constitucional, uma diferença de regime jurídico entre os direitos civis, políticos e sociais, e essa é a razão pela qual a disposição relativa à eficácia imediata[221] alcança, do mesmo modo, a todos os direitos fundamentais.

E é neste campo socioconstitucional, onde o Estado aparece como inerte e omisso, que se pergunta se o Poder Judiciário tem algum papel relevante a cumprir. Certamente, não cabem dúvidas em afirmar que a magistratura não pode adotar uma atitude passiva ou conservadora diante da sociedade. O posicionamento que se apresenta nesta dissertação é de que o Judiciário (entendido como Justiça Constitucional) deve ter uma nova inserção no âmbito das relações de poder estatal, o que levaria a transcender as funções de *checks and balances* por meio de uma atuação que tem em conta a perspectiva de que os valores constitucionais prevalecem mesmo contra a legislação produzida pelas maiorias parlamentares[222] e dos atos ou omissões do administrador.

A Justiça Constitucional deve adotar, por consequência, uma postura intervencionista, ativa e dinâmica, longe da postura abstencionista do modelo liberal-individualista-normativista que ainda prevalece na conservadora (mas em vias de mudança) dogmática jurídica brasileira. Evidentemente, não se está propondo uma judicialização da política e das relações sociais no cumprimento dos preceitos e princípios inerentes aos direitos sociais fundamentais previstos na Constituição de 1988. Mas, compreendendo que o poder do Estado é unitário, e que as funções exercidas por seus distintos ramos (Executivo, Legislativo e Judiciário) são distintas, e considerando-se também os princípios básicos do Estado Democrático de

(220) STRECK, Lenio Luiz. O papel da jurisdição constitucional na realização dos direitos sociais-fundamentais. In: SARLET, 2003, p. 184-186.

(221) *Vide* art. 5º, § 1º, da CF/88.

(222) STRECK, Lenio Luiz. O papel da jurisdição constitucional na realização dos direitos sociais-fundamentais. In: SARLET, 2003, p. 186.

Direito, naquelas situações onde o processo político (legislativo ou executivo) falha ou se omite na implementação de políticas públicas e dos objetivos sociais nela envolvidos, cabe ao Judiciário, como agente do Estado, adotar atitudes para a efetivação dos fins inerentes às *necessidades humanas básicas.*

O que se propõe neste estudo é a transformação do Poder Judiciário em um grande instrumento de evolução frente às disposições constitucionais do bem-estar, pois o chamado Estado Social ainda não se concretizou efetivamente no Brasil, onde o papel intervencionista estatal serviu para ampliar ainda mais as desigualdades socioeconômicas existentes. O Judiciário, em especial a Justiça Constitucional, deve preparar-se para bem exercer o papel de efetivo garantidor da Constituição — em particular, dos direitos sociais fundamentais.

O desafio que um ativismo judicial democraticamente responsável impõe é o de que, não renunciando às conquistas históricas, tampouco permite-se cair no estancamento, ou seja, se não se deseja retroceder a respeito dos avanços da democracia formal, igualmente não se quer deixar de avançar progressivamente em direção à uma democracia substancial e real.

Analisando a realidade social brasileira, depois de mais de vinte anos da promulgação da Constituição Cidadã, é inegável que houve importantes avanços sociais, principalmente para a população mais carente e necessitada, tais como a redução da mortalidade infantojuvenil, o aumento do acesso à educação e da alfabetização da população, a redução do desemprego e o aumento da renda, assim como a criação do Sistema Único de Saúde (SUS)[(223)]. Mas, apesar desse desenvolvimento e da euforia com o

(223) Gráfico da evolução do Índice de Desenvolvimento Social e seus componentes entre 1970 e 2010 no Brasil.

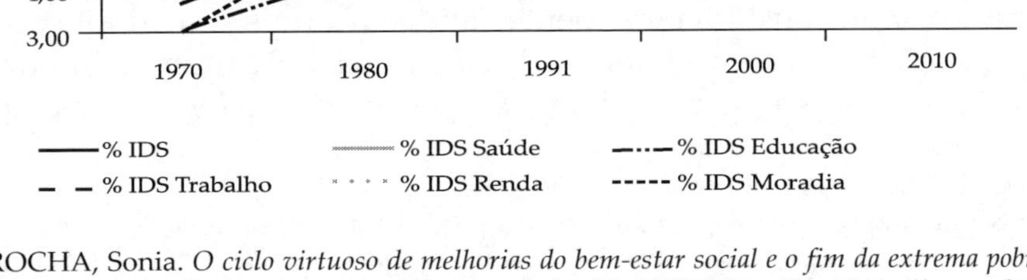

Fonte: ROCHA, Sonia. *O ciclo virtuoso de melhorias do bem-estar social e o fim da extrema pobreza.* Disponível em: <http://www.forumnacional.org.br/pub/ep/EP0381.pdf>; <http://www.forum nacional.org.br/pub/ep/EP0381.pdf> Acesso em: 18.10.2011.

crescimento econômico, com o consequente aumento da classe média (e diminuição da pobreza absoluta *per capita*) e uma discreta diminuição das desigualdades sociais, de fato o país permanece, no cenário mundial, como um dos que mais ostenta desigualdades de toda sorte, estando longe de sustentar os indicadores socioeconômicos que seu porte e potencial lhe permitiriam.

Neste contexto, não surpreende constatar que o Poder Judiciário vem exercitando, ainda que pontualmente e em fase embrionária, importante e necessário ativismo judicial, exercendo um papel cada vez mais ativo na implantação dos direitos sociais fundamentais, determinando aos demais poderes estatais, principalmente em beneficio dos cidadãos mais vulneráveis, por exemplo, o fornecimento de medicamentos e procedimentos médicos não disponíveis no Sistema Único de Saúde e a garantia de acesso a lugares em escolas e creches (entre tantos outros casos que serão a seguir demonstrados). Deve-se considerar que uma atitude passiva dos juízes em referidos casos equivaleria a uma verdadeira abdicação de sua principal missão constitucional. Em outras palavras, em nome do ativismo judicial, é função do Judiciário interferir para garantir o cumpri-mento dos direitos sociais fundamentais sempre que os demais poderes não cumpram suas obrigações, concebendo-se as funções do juiz como garantidor das promessas constitucionais e engenheiro social.

Para Capelletti, ao analisar a atuação criativa desenvolvida pelos juízes quando da aplicação do direito, bem como o crescimento recente desta atuação, dito processo é inevitável na medida em que toda interpretação tem uma dose intrínseca de criatividade a qual, entretanto, não se equipara à arbitrariedade, sempre que venha acompanhada de limites processuais e substanciais. Para maior ênfase, reconhece o doutrinador que a atividade criativa do juiz não difere, no aspecto substancial, da atividade legislativa[(224)(225)].

A este respeito, Gomes também defende que a politização judicial é uma consequência do Estado Democrático de Direito. Sobre o mencionado ativismo judicial, afirma que o magistrado contemporâneo, ao aplicar a lei apenas quando constitucionalmente válida, tornou-se integrante do centro de produção normativa, criando o direito judicial. E continua o autor: *Sendo a política a arte de governar a cidade, a função jurisdicional, na medida em que dá*

(224) CAPELLETI, 1993, p. 19-27.

(225) No mesmo sentido, Zagrebelsky, citado por Villagrasa: *¿Que função exerce um órgão de controle que veste a toga de juiz, se é verdade que, como intérprete, lhe compete o mesmo papel que corresponda ao autor da lei?* (ZAGREBELSKY, Gustavo. Principios y votos. El tribunal constitucional y la política. In: VILLAGRASA, 2009, p. 425).

a moldura fina do que é válido juridicamente falando, é inegavelmente política. (...) Mas política no sentido grego da palavra, não se confunde com política partidária[226].

III.2) O papel político-jurídico do Supremo Tribunal Federal na afirmação dos direitos sociais fundamentais

A Carta Constitucional de 1988, ao estabelecer o modelo de Estado Democrático de Direito, produziu grandes mudanças acerca das funções do Poder Judiciário brasileiro, o qual deve desempenhar um importante papel transformador da realidade social do país, visto que as histórias da democracia e da justiça constitucional andam juntas, alimentando-se uma à outra. Com isso, toda gama de limites e prerrogativas públicas dar-se-á a partir desta nova fórmula, que volta-se para o desenvolvimento dos cidadãos nos planos social e econômico. Assim, o Poder Judiciário se constitui em uma instância de concretização do bem comum, em uma permanente atividade construtiva que deve ser entendida como capaz de produzir a desejada justiça social adequada à democracia.

A partir deste ponto de vista, formalizar o Estado Democrático de Direito significa desenvolver os direitos sociais fundamentais. A Constituição Federal possibilita ao Estado (aqui compreendido *lato sensu*) a oportunidade de criar as condições necessárias para a afirmação dos referidos direitos. Neste modelo, o constitucionalismo é percebido como uma verdadeira vivência constitucional.

No centro do debate acerca da jurisdição constitucional figura o problema do equilíbrio entre a competência do Supremo Tribunal Federal e as dos demais poderes públicos. De conformidade com Alexy, sinalizando uma solução perfeita, absoluta e, diga-se, utópica para este problema, esta somente seria viável em um sistema ideal de regras que ofertasse, em cada caso, uma única resposta à pergunta sobre se o Tribunal excedeu, ou não, sua jurisdição em casos em que, de alguma maneira, atuou contra o legislador e o governo[227].

O ponto de partida para solucionar esta questão é a ideia de que os direitos fundamentais, entendidos como direitos subjetivos oponíveis ao legislador e ao administrador, determinam os deveres destes e restringem suas competências. Quando o Supremo Tribunal Federal verifica, por

(226) GOMES, 1997, p. 47.
(227) ALEXY, 2006, p. 545-546.

motivos relacionados com os direitos sociais fundamentais, um descumprimento de um dever ou uma violação de competência pelos demais poderes públicos, este feito não pode justificar uma objeção à transferência de competências do legislador ou do governo para o Tribunal, permitindo que este atue no âmbito normativo ou das políticas públicas.

Se a Constituição de 1988 outorga ao indivíduo direitos contra os poderes estatais e prevê um Supremo Tribunal Federal para garanti-los, a atividade judicial no âmbito da legislação ou das políticas públicas que seja necessária para garantir aqueles direitos não é, de nenhuma forma, uma usurpação inconstitucional de competências legislativas ou administrativas, mas algo que não só é permitido, como também é imposto pela própria Constituição. Isto significa, em outras palavras, que não se deve discutir se o Supremo Tribunal Federal tem competência de controle no âmbito da legislação ou dos atos do Poder Executivo, mas tão somente qual é a extensão desta competência.

O significado da atuação judicial que se propõe nesta dissertação se inserta dentro de um modelo de Estado Democrático de Direito que se esforça permanentemente por criar oportunidades para o resgate das promessas não cumpridas da modernidade. Nesta linha, a mencionada maneira diferenciada de estruturar a atividade e o papel do Supremo Tribunal Federal para controlar e implementar a materialização de políticas públicas de inclinação social requer a construção de outras referências teóricas para a nova significação da atividade judicial e sua relação com os direitos fundamentais. Esta teoria caracteriza-se por defender as experiências históricas do Estado Brasileiro, baseando-se no binômio democracia/direitos fundamentais e visando sempre à vinculação das normas materiais da Constituição.

Portanto, é necessário que o Supremo Tribunal Federal continue sua importante tarefa de garantidor da Constituição, mas com novas matizes, convertendo-se em um instrumento eficaz para promover a tão almejada mudança social e econômica do país, vez que, sob o ponto de vista jurídico-constitucional, o Poder Judiciário possui idêntica posição jurídica que os outros órgãos constitucionais de soberania. A propósito, importante ressaltar duas importantes assertivas: em primeiro lugar, o Tribunal Constitucional só pode ser considerado um órgão soberano enquanto integrado aos demais tribunais e juízes da estrutura judicial brasileira; em segundo plano, os órgãos judiciais não pertencem ao âmbito de competências nem estão sujeitos a quaisquer diretivas, ordens ou instruções dos demais poderes de soberania.

A este respeito, o papel do Supremo Tribunal Federal converteu-se, no Brasil contemporâneo, em um tema de intensa controvérsia. Primeiro porque este Tribunal, entre outros, passou a ser cada vez mais demandado em matérias de grande interesse social em virtude do significativo menosprezo da ação do Executivo e do Legislativo pela política socioeconômica do país. Também, a Corte Constitucional é cada vez mais procurada pelos diversos movimentos populares, os quais se apropriaram do discurso sobre os direitos humanos com o fim de utilizá-lo judicialmente como sinônimo dos direitos das maiorias marginalizadas. Por último, como órgão máximo da estrutura judicial do país, deve servir de parâmetro para os demais tribunais e juízes, vez que estes se encontram, atualmente, divididos ideologicamente, com uma pequena maioria de magistrados mantendo uma postura conservadora e tradicional, enquanto uma minoria significativa e crescente tem optado por uma hermenêutica mais crítica e com grande sensibilidade social no exercício de suas funções.

A propósito da ineficácia das instituições judiciais, argumenta-se que, por não saber como manejar os novos conflitos surgidos das contradições socioeconômicas e como lidar com a aparição de novos comportamentos distintos do previsto nos códigos legais em vigor, a maioria dos quais foram editados quando eram outras as condições do país, as instituições jurídicas se revelaram cada vez mais rígidas (sob o ponto de vista organizacional), presas a arcaicos marcos teóricos (considerando-se sua cultura técnico-profissional) e excessivamente formalistas e ritualistas (referindo-se ao processo e ao procedimento), resultando em decisões estritamente legalistas. Esta falta de efetividade progressiva das referidas instituições tornou-se dramaticamente nítida na aplicação da norma de caráter social, cujo objetivo básico nem sempre é implementado(228)(229).

Com referência à geração de juízes comprometida com um ativismo jurídico-político responsável, especialmente no que diz respeito aos direitos sociais fundamentais, ela tem sido capaz de ampliar o conteúdo da

---

(228) FARIA, José Eduardo. O judiciário e o desenvolvimento socioeconômico. In: FARIA, 2005, p. 17.

(229) Nessa mesma linha de raciocínio, combatida neste estudo, para Calmon de Passos não pode existir dúvida de que o social, o político e o econômico condicionam o jurídico e que a influência, em retorno, deste sobre os demais é bastante pobre, ainda que existente. Ela é, em grande medida, um retorno que opera mais em termos de "correção" que em termos de "conformação". O Poder Judiciário somente é poderoso e influente na solução dos conflitos que escaparam da mediação social, operando muito mais em termos de "restauração". Ainda quando, aparentemente, parece "renovar", o Judiciário o faz de modo tão discreto e episódico que se assemelha a uma maquiagem superficial em um rosto com traços bem fortes e sem disfarce. (CALMON DE PASSOS, 2007, destaques no original).

legislação vigente e dos programas governamentais por intermédio da jurisprudência, tornando-a mais flexível e adaptada às diferentes circunstâncias socioeconômicas no momento histórico de sua aplicação, preenchendo a fissura existente entre a igualdade jurídico-formal e as desigualdades socioeconômicas. Estes magistrados compreenderam que, na medida em que o Poder Judiciário tende a tratar cada problema como uma questão isolada, essa dispersão conduz à própria trivialização e posterior fragmentação de suas funções jurisdicionais. Com razão, entenderam que devem assumir uma postura crítica frente ao ordenamento jurídico para adaptá-lo à realidade emergente. Nesta linha de raciocínio, as normas jurídicas só podem ser aplicadas de forma legítima e eficaz quando conectadas com a realidade social e econômica, integrando-a como parte necessária do sistema legal.

Em sentido diametralmente inverso, um dos problemas básicos suscitados contra esta concepção de direito, que sempre tem sido menosprezada pela geração estritamente normativista e politicamente estéril, refere-se ao papel potencialmente criador e ao grau de discrição da argumentação jurídica e da decisão. A esse respeito, ao limitar o papel das leis a uma simples técnica de controle e de organização social, a concepção conservadora vê o ordenamento jurídico como algo fixo. Trata-se de uma noção estática do sistema legal que pressupõe que o conteúdo de suas disposições estabelece-se claramente nas regras bastando, para sua interpretação, o simples uso de métodos lógico-sistemáticos. Em contrapartida, a concepção mais moderna e acertada, adotada por muitos membros dos órgãos judiciais brasileiros, destaca o papel judicial como instrumento que permite a implementação e execução das políticas do Estado dirigidas à promoção da justiça social, percebendo o ordenamento constitucional sob a perspectiva de um projeto político-normativo cujos dispositivos, para serem aplicados, requerem uma interpretação que lhes adaptem ao contexto do desenvolvimento socioeconômico.

Em princípio, a partir da própria previsão constitucional dos controles abstrato e concreto (ou difuso) de constitucionalidade de leis e atos administrativos, poderia estar delimitada a discussão acerca da legitimidade do Poder Judiciário para intervir na atuação dos demais poderes constituídos sempre que esta se desvirtuasse dos fins constitucionais. Assim, a legitimidade do Judiciário estaria assentada em uma previsão expressa do constituinte.

Por si só, as reflexões teóricas sobre o papel do Supremo Tribunal Federal como importante instrumento de direção e promoção social, tendo em conta a complexidade e heterogeneidade da sociedade brasileira e o caráter intervencionista do Estado, levam a afirmar que, especialmente depois da promulgação da Constituição Federal de 1988, o Poder Judiciário ganhou espaços cada vez mais amplos na cena política. Isto ocorreu porque, com a consolidação da democracia, cresceu a importância e a responsabilidade do mencionado poder em relação à defesa da Carta Magna, devido a diversas razões: as dificuldades econômicas pelas quais passou o país nas últimas décadas; a degradação dos costumes político-administrativos (corrupção, malversação da função, impunidade etc.[(230)]); a desintegração social (violência urbana, pobreza e empobrecimento da população), entre outras.

Também os grupos sociais deram-se conta de que o Poder Judiciário, em especial a Suprema Corte, é essencial para a afirmação dos direitos sociais fundamentais e para preencher as lacunas de efetividade relativas às *necessidades humanas básicas*. Trata-se, evidentemente, de uma sinalização dos cidadãos em direção à legitimidade da magistratura, em especial da Justiça Constitucional. O atual debate sobre o esvaziamento da democracia representativa e a crise do Estado Social reflete uma situação de deslocamento de poderes. Assim, como a principal função do Judiciário, para a qual a tradição liberal lhe habilita plenamente, é não descuidar dos direitos e liberdades públicas, especialmente para os setores mais vulneráveis da sociedade — com menor capacidade de organização e luta para garantir seus direitos —, aquele continua sendo, cada vez mais, uma instituição para afirmação dos direitos.

A realidade brasileira permite afirmar que se vive atualmente uma crise na democracia representativa, com um Legislativo sem uma agenda política definida, o que determina uma compensação sistêmica de suas funções estatais pelo Judiciário[(231)]. Por outro lado, tem-se um Executivo que não promove as políticas públicas necessárias para assegurar a proteção dos direitos sociais fundamentais dos indivíduos. Na verdade, as políticas públicas governamentais se preocupam mais com a tentativa de divisão, a curto prazo, das receitas públicas, mas quase nunca com o êxito do projeto constitucional em vigor e com a consolidação dos referidos direitos, medidas

---

(230) A propósito, Canotilho sinaliza que os fenômenos da corrupção e do clientelismo levaram à arena política a chamada crise de representação do "Estado de partidos", da política e dos políticos. Neste sentido, o direito ao voto, a liberdade partidária, o livre mandato, o direito de acesso aos cargos políticos, a igualdade de trato fiscal pouco valem em uma sociedade política estrangulada pelo tráfico de influências, o clientelismo e a corrupção. (CANOTILHO, 2008, p. 122).

(231) Em muitos países, como Portugal, o Parlamento, no começo de cada legislatura, oferece uma pauta de atuação (agenda) e, no final do ano, presta contas do que foi efetivamente feito. No Brasil, ao contrário, pouco (ou nunca) se sabe o real objeto de interesse de referido Poder.

que demandariam planejamentos de médio e longo prazos. A este respeito, percebe-se que a Constituição Brasileira muitas vezes tem se ajustado ao titular do governo, pois cada novo governante produz uma série de emendas constitucionais para permitir a governabilidade, ao passo que, na realidade, a Carta Maior é a que deveria ditar os fundamentos das políticas públicas. E justamente para salvaguardar os interesses constitucionais democráticos é que se torna imperiosa a adoção do ativismo judicial.

Assim, é fácil compreender que se a política é o lugar da discussão, e esta não ocorre, os grupos minoritários, social e economicamente considerados, serão os mais prejudicados, pois são eles, mais do que quaisquer outros, que sentem a necessidade de reivindicar e criar novos direitos. Ademais, quanto a este aspecto, não se pode negar também o claro déficit histórico que o país possui em relação a outros países devido a seu atraso na assunção de uma cultura constitucional.

Acerca do assunto, de conformidade com os ensinamentos de Ferrajoli, deve surgir um novo juiz, tutor e garantidor dos direitos dos cidadãos contra os poderes, tanto públicos como privados, vinculado à soberania popular por dois caminhos: a garantia dos direitos fundamentais, formalmente enunciados na constituição, mas especificamente realizados e materializados pelas demandas sociais e individuais; e a crítica popular às disposições ilegítimas, muitas vezes utilizadas pelos próprios juízes[232]. Em outras palavras mais contundentes, aos olhos da sociedade, a Justiça Constitucional passa a deter a imagem de um contrapoder daquela.

Certamente, não é o caso de ampliar os espaços discricionários subjetivos do Supremo Tribunal Federal e dos outros tribunais brasileiros. Tampouco se defende a legitimidade pura e simples da decisão contra ou além da lei. *A priori,* o saber pragmático exigido pela nova racionalidade jurídica requer o conhecimento das situações concretas para extrair o máximo do conteúdo da regra, principalmente nos frequentes casos de hipertrofia das normas e dos atos governamentais, significando o esvaziamento da eficácia da própria constituição. Aqui se propõe uma nova imagem do Tribunal Supremo, como sujeito ativo e participativo do processo político. E esta nova função requer do julgador posturas muitas vezes incompatíveis com o estrito rigor formalista.

Com efeito, a dimensão política e a dimensão jurídica são as duas extensões necessárias e inseparáveis das questões constitucionais. Assim,

---

(232) FERRAJOLI, Luigi. Precarietà dei valori di riferimento ed emergenze, citado por CAMPILONGO, Celso Fernandes. Os desafios do judiciário: um enquadramento teórico. In: FARIA, 2005, p. 34.

à jurisdição constitucional atribui-se também um papel político-jurídico-normativo de criação do direito[233] conformador da vida constitucional. A este respeito, as decisões do Supremo Tribunal Federal acabam efetivamente por ter força política, não somente porque a ele corresponde resolver, em última instância, problemas constitucionais de particular sensibilidade política, mas também porque sua jurisprudência produz, de fato e de direito, uma influência determinante junto aos outros tribunais e desempenha um papel condicionante do comportamento dos órgãos de direção política[234]. Sob este prisma, a tarefa de guardião da Constituição consiste em apreciar a constitucionalidade da política normativamente[235] incorporada nos atos dos demais órgãos de soberania.

À primeira vista, a determinação do conteúdo de uma norma constitucional é a própria essência da legislação constitucional, razão pela qual o Supremo Tribunal brasileiro se converteu em um supremo legislador tácito, camuflado entre formas jurisdicionais, em uma mescla de política e jurisdição. Portanto, o Tribunal Constitucional assume uma dimensão normativo-constitucional do compromisso pela pluralidade consagrada na Carta Magna, pois é o responsável por, aplicando a Constituição, manter o *pactum societatis*[236].

A magistratura ocupa uma posição singular nesta nova engenharia institucional do Estado. Ademais de suas funções habituais de controle da constitucionalidade e do caráter democrático das regulações sociais, corresponde ao Supremo Tribunal Federal integrar o circuito estatal como mediador político[237], fomentando o diálogo democrático entre os cidadãos e o Estado. Neste sentido, garantir as políticas públicas significa atribuir à Corte Constitucional um papel ativo no processo de afirmação da cidadania e da justiça social. Assim, a Corte Máxima já não aparece apenas como a responsável pela tutela dos direitos subjetivos, senão também como um dos titulares da distribuição de recursos e da construção de equilíbrio entre os interesses da sociedade[238].

Com maior ênfase, por conta de suas recentes decisões exigindo dos demais poderes o estrito cumprimento da ordem socioconstitucional em

(233) VILLAGRASA, 2009, p. 424.

(234) CANOTILHO, 2010, p. 679-681.

(235) Por "política normativa" entendem-se tanto as normas expressas (e omissões em sua produção) como os atos governamentais (políticas públicas).

(236) VILLAGRASA, 2009, p. 426.

(237) FARIA, José Eduardo. As transformações do judiciário em face de suas responsabilidades sociais. In: FARIA, 2005, p. 61.

(238) CAMPILONGO, Celso Fernandes. Os desafios do judiciário: um enquadramento teórico. In: FARIA, 2005, p. 49.

nome da segurança jurídica e da democracia, valorizando a "justiça" em lugar do "jurídico" e substituindo o "legal" pelo "legítimo"(239), o Supremo Tribunal brasileiro tem alcançado grande notoriedade nos últimos anos. Porém o desafio continua, procurando fazer efetivos os direitos sociais fundamentais consagrados no Texto de 1988, ainda carentes de adequada regulamentação e adoção de políticas governamentais.

É evidente que o Executivo e o Legislativo possuem a faculdade discricionária de utilizar os recursos públicos segundo as prioridades definidas por seus dirigentes, eleitos por voto direto em eleições livres, nas quais defenderam programas específicos de governo de acordo com seus ideais políticos. Entretanto, como alguns setores do Poder Judiciário se sentem constrangidos na aplicação das leis sociais pelo fato de que estas exigem uma atuação político-administrativa-normativa dos demais poderes estatais, constata-se aqui um conflito discricionário entre os poderes soberanos — um conflito inédito que requer um redimensionamento do equilíbrio da divisão de poderes nos moldes determinados pelo constitucionalismo moderno. A partir de aludidas zonas conflitivas geradas pela legislação constitucional de caráter social, os tribunais, em especial o Supremo Tribunal Federal, têm tratado de chamar a atenção sobre este problema, seja responsabilizando, ainda que sutilmente, os demais poderes públicos por abusarem da dinâmica do processo político, descumprindo suas obrigações constitucionais, seja determinando o imediato cumprimento dos direitos subjetivos. Pode-se acrescentar, também, a possibilidade, pouco explorada pelo Judiciário Brasileiro, de anular os atos dos ditos poderes devido à sua manifesta inconstitucionalidade em ações de grande impacto nacional.

Dentro desta perspectiva, importa destacar que o Poder Judiciário combina o exercício de duas tarefas, tal como os demais poderes estatais: por um lado, ele é o provedor de um serviço e, por outro, é um poder político. Como provedor de serviços, a ele se dirigem os cidadãos que necessitam da aplicação forçada de um interesse ou direito que lhes tenha sido atribuído por lei, e que buscam na Justiça o papel de criador e criativo na afirmação dos direitos sociais fundamentais. Como poder público, deve o Tribunal Constitucional fixar o sentido e o alcance de uma determinada lei ou ato governamental implicando, de alguma maneira, em um poder normativo não muito diferente daquele existente no próprio ato de legislar.

---

(239) FARIA, José Eduardo. As transformações do judiciário em face de suas responsabilidades sociais. In: FARIA, 2005, p. 57.

A propósito, com a garantia de cumprimento das normas constitucionais pelo Supremo Tribunal Federal correlacionam-se importantes questões político-constitucionais, tais como: 1) proteção das minorias contra a onipotência da maioria do governo-parlamento; 2) primazia hierárquico-normativa da Constituição e do legislador constituinte ante a onipotência da maioria parlamento-governo; 3) primazia do dogma tradicional da presunção de constitucionalidade dos atos legislativos e administrativos; 4) legitimidade do desenvolvimento do próprio direito constitucional por meio da interpretação dada aos direitos sociais fundamentais pela Justiça Constitucional[240].

É necessário recordar, também, uma outra situação característica e específica do Judiciário: trata-se de um poder distinto dos demais, já que opera somente mediante provocação — *ne procedat iudex sine actore*[241]. Portanto, se o Executivo e o Legislativo podem iniciar, de forma espontânea (sob o ponto de vista jurídico-institucional), os atos de concretização das políticas sociais determinadas pela Constituição de 1988, o mesmo não se aplica ao Poder Judiciário, pois este sempre depende da provocação dos interessados.

Atualmente, no sistema jurídico brasileiro, há mecanismos legais que permitem a entrada de substitutos processuais para a defesa dos interesses das coletividades: as ações de cunho coletivo (ações civis públicas, por exemplo) propostas pelo Ministério Público e por outras instituições legitimadas; os mandados de injunção; a própria ação direta de inconstitucionalidade (inclusive por omissão); a argumentação de descumprimento de preceito fundamental que derive da Constituição. Entendida a questão desta forma, o Poder Judiciário deve compartilhar o papel de protagonista dos casos judiciais com os cidadãos e substitutos processuais proponentes de aludidas ações.

Por fim, não há que se esquecer que, ao inserir-se no novo constitucionalismo, a nação brasileira consagrou o amplo acesso à justiça como um direito fundamental. Daí a necessidade de desenvolvimento da democracia participativa e do desempenho da sociedade. No entanto, um Poder Judiciário ativo é condição para a realização progressiva dos direitos sociais constitucionais. Neste ponto cumpre defender um ativismo judicial consequente, responsável e fortemente articulado desde o ponto de vista de coerência discursiva (a motivação) e da riqueza argumentativa (a persuasão).

---

(240) CANOTILHO, 2010, p. 682.

(241) Não atua o juiz sem autor que o provoque.

III.3) Os parâmetros interpretativos em matéria de direitos sociais fundamentais

Antes de começar a análise dos acórdãos emanados do Supremo Tribunal Federal ao apreciar a dignidade dos direitos sociais fundamentais no ordenamento constitucional brasileiro, e de verificar se sua postura comporta ou não uma desejada dimensão político-jurídica na realização ativa dos referidos direitos, faz-se importante repassar que, quando da interpretação de uma norma de direito fundamental aplicável a um determinado caso concreto, há que lhe dar a maior efetividade possível, tendo em conta as circunstâncias do caso e do valor ou bem jurídico protegido pelo direito em jogo. Desta forma, resulta indispensável identificar qual é o valor — ou, no caso, os valores — que cada direito social protege, assim como as *necessidades humanas básicas* a serem devidamente satisfeitas.

Inicialmente, deve-se sinalizar que o fundamento e a racionalidade das decisões do Supremo Tribunal Federal determinam-se por um direito: o direito constitucional. A este respeito, o raciocínio jurídico de suas decisões deve basear-se na moral crítico-positiva e na realidade socioeconômica que, ao mesmo tempo que dão argumentos de natureza prescritiva, também consideram o que é bom ou justo para a sociedade em um determinado momento histórico. Em segundo lugar, a argumentação deve ser realista e respeitosa com as necessidades da democracia popular, principalmente considerando os grupos marginais que mais carecem de uma resposta do Poder Judiciário. Isto significa que devem rechaçar-se aqueles argumentos dos poderes estatais que, estando avalizados somente pela filosofia político-econômica, conduzem a soluções discrepantes com as reais carências da sociedade. Em terceiro plano, a interpretação dos direitos fundamentais há de respeitar o conteúdo essencial do direito social fundamental — ou seja, as próprias *necessidades humanas básicas* — e ser coerente com todo o contexto da Carta Constitucional do Estado de Bem-estar brasileiro.

Há que sublinhar a extraordinária importância que, para a análise em matéria de direitos sociais fundamentais, tem a jurisprudência constitucional[(242)], uma vez que é orientadora e base das decisões dos demais órgãos

(242) No Brasil, a jurisprudência (em especial, do Supremo Tribunal Federal) é considerada uma importante fonte do Direito, pois em cada caso concreto analisado pelo Poder Judiciário, muito além de interpretá-los, declara-se a verdadeira essência dos preceitos legais. A Constituição e os demais instrumentos normativos não podem prescindir de sua interpretação valorativa, substituindo a função jurisdicional no sistema de fontes do Direito. Inclusive existem exemplos de jurisprudência que se converteram em normas após o adequado e posterior processo legislativo, dada a importância da matéria reiteradamente julgada em determinado sentido (caso do

do sistema jurídico brasileiro no momento da utilização de conceitos e argumentos sociais já que, precisamente por intermediação jurisprudencial, estes conceitos e argumentos de origem extrajurídica se convertem em jurídicos. É a maestria do Supremo Tribunal Federal que vai progressivamente preenchendo as lacunas existentes na textura aberta das normas sobre direitos sociais fundamentais, sempre baseada nos princípios da democracia social-econômica e da sociabilidade[(243)]. Devido à sua atuação, mais que em qualquer outro setor do poder jurídico brasileiro, referidos direitos constituem um autêntico direito jurisprudencial[(244)].

A respeito deste tema, importa afirmar que os princípios da democracia social-econômica e da sociabilidade são fundamentos imediatos e autônomos das pretensões jurídicas dos indivíduos referentes aos direitos sociais fundamentais. A dimensão subjetiva dos citados princípios justifica, também, a precedência dos direitos sociais em relação aos conflitos com outros direitos. Assim, por exemplo, o princípio da sociabilidade prevalecerá sobre o direito de propriedade no caso do despejo de uma moradia constituir uma grave e atentatória ingerência à dignidade humana. O que se postula é uma leitura dos direitos sociais fundamentais não de forma estática do que está escrito, mas em termos dinâmicos de interpretação e desenvolvimento dos mesmos em conformidade com os postulados do Estado Social e Democrático de Direito.

---

aviso-prévio proporcional, que será tratado mais adiante). Já na Espanha, os órgãos jurisdicionais exercem uma função meramente interpretativa do ordenamento jurídico (sobretudo quanto à Constituição), não sendo aceita a hipótese de criação normativa como fonte do Direito.

(243) CANOTILHO, 2010, p. 341.

(244) DÍEZ-PICAZO, 2008, p. 52.

Capítulo IV

Tensão entre o Legislativo, o Executivo e a Justiça Distributiva

Decifrando a postura da Jurisdição Constitucional Brasileira acerca dos direitos sociais fundamentais

Diga-me o que pensas dos direitos sociais, e te direi qual é tua concepção da democracia e da justiça[245].

IV.1) A resposta afirmativa do Supremo Tribunal Federal à judicialização dos conflitos sociais

Até agora se debateu acerca da amplitude dos direitos sociais fundamentais e do importante papel da jurisdição constitucional em sua afirmação, em necessário ativismo judicial, o que denuncia a existência de um apelo da sociedade ao Poder Judiciário para resolução dos conflitos sociais e efetivação plena da cidadania. Resta saber se, diante deste clamor, a magistratura mostra-se preparada para exercer os expressivos papéis de concretização da justiça social e de controle das políticas públicas referentes a aludidos direitos.

---

(245) SÁNCHES, 2009, p. 97.

Portanto, deve-se proceder à análise da postura da Jurisdição Constitucional Brasileira quando provocada a atuar na afirmação dos direitos sociais fundamentais, em especial daqueles que dependem de prestações estatais para sua afirmação, para averiguar as perspectivas futuras de efetivação de referidos direitos. Neste sentido, busca-se decifrar se o Supremo Tribunal Federal reflete um modelo jurisdicional centrado sensivelmente na lei (e, portanto, com tendência mais restritiva) ou um modelo sociopolítico-jurídico, com o objetivo principal de afirmação e preservação dos direitos sociais fundamentais (tendência ampliativa do ativismo judicial). Além disso, deve-se verificar qual é a compreensão da Corte Suprema quanto à aplicabilidade e à judicialidade dos referidos direitos, e se ela enfrenta os problemas constitucionais colocados à sua apreciação ou autorrestringe-se no exercício de suas funções jurisdicionais.

A respeito do tema, a Lei Maior de 1988 concedeu ao Supremo Tribunal Federal competências originárias e recursais com conteúdo de litígio constitucional. Assim, à Suprema Corte cabe principalmente a guarda da Constituição e o controle jurisdicional de constitucionalidade, seja concentrado ou difuso, colocando-se em situação próxima a de um Tribunal Constitucional nos moldes europeus. Como se observará, são diversas as hipóteses em que a Suprema Corte pode tomar decisões com dimensão político-jurídica para promover o desejado bem-estar social prometido pela Constituição Cidadã:

a) em sede de jurisdição constitucional concentrada (controle abstrato, com efeitos *erga omnes* e vinculantes):

a.1) nas ações diretas de inconstitucionalidade por omissão em casos de arbitrária inatividade do legislador ou do administrador, os cidadãos podem dirigir-se aos órgãos legitimados para suscitar a questão com o fim de obter uma recomendação ou determinação, em seu caso, a favor da concretização do princípio da democracia social e econômica[(246)];

a.2) nas ações diretas de inconstitucionalidade de atos do poder público, para manter a coerência da ordem constitucional, promovendo a fiscalização abstrata quando o legislador ou o administrador intervir, de qualquer forma, restritivamente frente à legislação social existente, sacrificando as *necessidades básicas* dos cidadãos[(247)];

---

(246) *Vide* art. 103, § 2º, da CF/88.

(247) Nesse caso, não se discutem nem casos concretos nem tampouco direitos subjetivos.

a.3) em casos de arguição de descumprimento de preceito fundamental[(248)] quando existir a necessidade de prevenir ou reparar lesão a disposição constitucional resultante de ato do poder público (federal, estadual, distrital ou municipal), seja sob as vestes de regra jurídica, seja uma política governamental, incluindo os atos anteriores à promulgação da Constituição de 1988;

b) em sede de jurisdição constitucional difusa (controle concreto, com efeitos *inter* partes):

b.1) em sede recursal, em casos concretos de situações sociais de necessidade ou extrema carência, justificadoras de uma imediata reivindicação do indivíduo ou dos cidadãos visando à satisfação das *necessidades humanas básicas* inerentes ao respeito à dignidade da pessoa;

b.2) em casos concretos, quando é necessária a utilização da ação declaratória constitucional do mandado de injunção[(249)], individual ou coletivamente, com a finalidade, segundo posição atual do Supremo Tribunal Federal, do Judiciário assegurar o direito constitucional invocado, inclusive determinando ao poder estatal a adoção de medidas que garantam a posição do impetrante até a oportuna expedição de normas pelo legislador[(250)].

Com certeza, para compreender se a Jurisdição Constitucional brasileira aponta ou não para a definitiva efetivação dos direitos sociais fundamentais, deve-se analisar a postura do Supremo Tribunal Federal, quando exigida sua manifestação pelos mecanismos de jurisdição disponíveis por meio da análise de suas decisões, colegiadas e monocráticas, referentes aos aludidos direitos. O desafio é verificar se o Tribunal responde adequadamente à judicialização dos conflitos sociais, uma vez que se constitui no principal órgão do sistema judicial brasileiro.

---

(248) Segundo o Supremo Tribunal Federal, são preceitos fundamentais: a forma federativa do Estado; o voto direto, secreto, universal e periódico; a separação dos poderes; os direitos e garantias individuais e coletivos (civis, políticos e sociais); os princípios do Estado Democrático, quais sejam, a soberania, a cidadania, a dignidade da pessoa humana, os valores sociais do trabalho, a livre iniciativa e o pluralismo político. (ADPF n. 1, voto del Ministro Neli da Silveira. Disponível em: <http://redir.stf.jus.br/paginadorpub/paginador.jsp?docTP=AC&docID=348389> Acesso em: 29.10.11).

(249) O mandado de injunção assemelha-se à ação de inconstitucionalidade, e desta se diferencia, basicamente, por poder ser requerido por qualquer pessoa (física ou jurídica) para apreciação de um caso concreto.

(250) Postura manifestada no juízo do MI n. 107/DF. Importante registrar que a postura anterior da Corte Suprema era de que, no âmbito do mandado de injunção, somente seria possível cientificar o Legislativo acerca da omissão de norma reguladora que tornasse inviável o exercício de quaisquer direitos e garantias constitucionais, em especial os sociais. (MI n. 107/DF, Pleno, Rel. Min. Moreira Alves, DJ 21.9.1990, p. 9782. Disponível em: <http://redir.stf.jus.br/paginadorpub/paginador.jsp?docTP=AC&docID=81908> Acesso em: 29.10.11).

A propósito, no presente tópico, será apresentado o resultado de intensa investigação jurisprudencial desenvolvida no âmbito do Tribunal Constitucional brasileiro para verificar o tratamento dado por este, ao longo do tempo, acerca dos direitos sociais fundamentais. Foram analisados, especialmente, os fundamentos de diversas decisões publicadas entre 20.11.1992 e 15.9.2011, as quais são significativas pelo simbolismo para o reconhecimento e a afirmação da cidadania social no Brasil.

De fato, foi realizada pesquisa no banco de dados jurisprudenciais e de súmulas vinculantes do Supremo Tribunal Federal no *site* www.stf.jus.br, com a utilização das seguintes palavras-chave digitadas no campo *Pesquisa Livre*, e que traduzem diretamente a terminologia constitucional referente aos direitos sociais fundamentais reconhecidos pelo art. 6º da Constituição Brasileira: "direitos sociais"; "direitos sociais fundamentais"; "educação"; "saúde"; "alimentação"; "trabalho"; "moradia"; "ócio"; "segurança"; "previdência social"; "proteção à maternidade"; "proteção à infância"; "proteção à juventude"; "proteção à família"; "assistência aos indefesos"; "art. 6º"; e "mínimo existencial" (e consequentes combinações entre estas). A partir daí, identificadas as decisões judiciais nas quais constam de seus fundamentos pelo menos uma das expressões utilizadas na busca inicial, foram selecionadas aquelas em que os direitos sociais constitucionais apareceram como objeto do debate processual e da matéria de fundo julgada.

A jurisprudência eleita para a análise investigativa foi a mais significativa encontrada pela qual a garantia de um direito social fundamental se apresenta como objeto do julgado. Buscou-se retratar, neste estudo, os juízos que simbolizam posicionamentos reiterados, uma vez que grande parte da jurisprudência selecionada e analisada consistiu em repetições de julgados no Supremo Tribunal Federal. Também tomou-se o cuidado de selecionar jurisprudência relativa aos mecanismos de controle difuso e concentrado de constitucionalidade para ampliar os parâmetros de avaliação da questão. Em consequência, foram selecionadas trinta e duas decisões, separadas de conformidade com os direitos sociais fundamentais objetos de discussão.

Completando a metodologia utilizada, na descrição e análise de referidas decisões constitucionais, identificaram-se os casos concretos, o direito social fundamental objeto de debate e o provimento ou a solução jurisdicional dada ao caso. Após uma minuciosa análise das decisões proferidas pelo Supremo Tribunal Federal pela via difusa de controle de constitucionalidade (em um total de vinte e cinco), revelou-se a predominância da temática alusiva à educação, à saúde e à previdência social, mas também coexistem decisões referentes ao trabalho, à moradia, à proteção da maternidade e da infância, à segurança, ao ócio e à assistência aos desamparados. Quanto à jurisprudência do controle concentrado (em número de sete), as decisões referem-se a casos de ações diretas de inconstitucionalidade ou de arguições de descumprimento de preceitos constitucionais, os quais versaram sobre educação, saúde, trabalho, moradia e proteção à maternidade. Não foram encontradas decisões do Supremo Tribunal relativas ao direito social à alimentação, mesmo existindo decisões acerca deste tema em discussão nos demais tribunais, inferiores hierarquicamente.

IV.2) Direito à educação[(251)]

A postura do Supremo Tribunal Federal frente a este direito social é de reconhecer sua fundamentalidade e aplicabilidade imediata, além de sua importância para a dignidade e o desenvolvimento pessoal do indivíduo, para o crescimento socioeconômico do país e, igualmente, para a consolidação do regime democrático, confirmando o acesso à educação básica obrigatória[(252)(253)] como direito público subjetivo que prevê respon-

---

(251) Segundo o disposto no art. 26 da Declaração dos Direitos do Homem:.

1. Toda pessoa tem direito à educação. A educação deve ser gratuita, ao menos no concernente à instrução elementar e fundamental. A instrução elementar será obrigatória. A instrução técnica e profissional haverá de ser generalizada; o acesso aos estudos superiores será igual para todos, em função dos méritos respectivos.

2. A educação terá por objeto o pleno desenvolvimento da personalidade humana e o fortalecimento do respeito aos direitos humanos e às liberdades fundamentais; favorecerá a compreensão, a tolerância e a amizade entre todas as nações e todos os grupos étnicos ou religiosos, e promoverá o desenvolvimento das atividades das Nações Unidas para a manutenção da paz.

3. Os pais terão direito preferente a escolher o tipo de educação que haverá de dar-se a seus filhos.

(252) A educação básica obrigatória inclui, segundo o disposto na Constituição Brasileira: o acesso ao jardim de infância (desde o nascimento até os 5 anos de idade), ao ensino fundamental (até os 14 anos) e ao ensino médio (até os 17 anos); a garantia ao ensino para aqueles que não tiveram acesso a ela na idade própria; o direito dos portadores de deficiência de ter atendimento educacional especializado; e o acesso aos níveis mais elevados de ensino franqueado a qualquer indivíduo, de acordo com sua capacidade. É importante destacar também que o Texto de 1988 trata da progressiva universalização da educação até 2016, prazo para que a meta de oferecimento do ensino médio de forma gratuita seja cumprido, assim como se preocupa em garantir condições reais de aprendizagem para os alunos da educação básica, prevendo políticas públicas adicionais de provimento de material didático, transporte, alimentação e assistência à saúde no âmbito da própria escola, correspondendo aos poderes públicos, obrigatoriamente, definir o formato dos referidos programas.

(253) Corroborando esta afirmação, tem-se o conteúdo da Súmula Vinculante n. 12, *in verbis: A cobrança de taxa de matrícula nas universidades públicas viola o disposto no art. 206, IV, da Constituição Federal.*

sabilizar a autoridade competente que não a ofereça de forma regular e adequada, como se infere dos seguintes extratos dos acórdãos constitucionais.

Inicialmente, no exemplar acórdão que se segue, resultante de ação proposta originariamente pelo Ministério Público Estadual de São Paulo, o Supremo Tribunal Federal asseverou, ainda que baseando-se na teoria do mínimo existencial (superada neste estudo pelo princípio das *necessidades humanas básicas*) para justificar a concretização de todo e qualquer direito social fundamental, e valorizando o direito subjetivo à educação, em especial às crianças, que: a) os poderes públicos não poderão eximir-se do mandato constitucional, juridicamente vinculante, de atuar com prioridade na educação infantil e nos ensinos fundamental e médio facilitando, inclusive, de maneira concreta, as condições materiais de cumprimento deste direito (no caso concreto, permitindo a matrícula de crianças em estabelecimentos próximos de seu lar ou do trabalho de seus responsáveis legais[(254)]); b) é constitucionalmente legítima a intervenção judicial, ainda que excepcionalmente, em casos de omissão do Estado na implementação de políticas públicas previstas na Carta Magna, sendo possível determinar aos poderes competentes, sem transgredir o princípio da separação dos poderes, a efetivação de referidos programas para não comprometer o direito mesmo; c) a escassez de recursos e a reserva do possível não são impeditivos absolutos para a afirmação dos direitos sociais, não sendo lícito invocá-las de forma irresponsável com o propósito de impedir e inviabilizar as necessárias políticas públicas definidas na Constituição; d) o princípio da dignidade humana fundamenta a não admissibilidade de qualquer

---

(254) No acórdão do RE n. 603.575 AgR/SC, publicado em 14.5.2010, o Supremo Tribunal Federal, após adotar os mesmos fundamentos jurídicos do caso analisado, determinou ao poder público (Município de Santa Catarina) que proporcionasse transporte gratuito para possibilitar a eficácia do direito social à educação. (Disponível em: <http://redir.stf.jus.br/paginadorpub/paginador.jsp?docTP=AC&docID=611114> Acesso em: 10.10.11).

No acórdão do RE 594018 AgR/RJ, que significou un avanço prático por envolver escolas públicas que oferecem ensino fundamental (e não necessariamente só a educação infantil), a Corte Máxima determinou ao Estado do Rio de Janeiro a contratação de professores já aprovados em concurso público para as unidades de ensino público do Município de São Gonçalo. (Disponível em: <http://redir.stf.jus.br/paginadorpub/paginador.jsp?docTP=AC&docID=599750> Acesso em: 10.10.11).

Já na decisão monocrática do AI n. 785.154/PR, após reconhecer que os direitos sociais fundamentais têm aplicabilidade imediata, o Supremo enfrentou a questão da universalização progressiva e gratuita, baseado na impossibilidade de obstar-se a oferta de ensino, para determinar a abertura de curso do terceiro ano do ensino médio no período diurno, vez que a turma original em referido turno se iniciou no ano anterior, devendo continuar com a oferta do horário, ainda que procurado por um aluno somente. (Disponível em: <http://www.stf.jus.br/portal/jurisprudencia/visualizarEmenta.asp?s1=000163182&base=baseMonocraticas> Acesso em: 10.10.11).

retrocesso no âmbito social, sob pena de configurar-se uma patologia constitucional.

ARE n. 639.337/AgR/SP(255)

Órgão Julgador: Segunda Turma

Relator: Ministro Celso de Mello

Julgamento: 23.8.2011

Publicação: DJe 177 (divulgado em 14.9.2011 e publicado em 15.9.2011)

Agravante: Município de São Paulo

Agravado: Ministério Público do Estado de São Paulo

CRIANÇA DE ATÉ CINCO ANOS DE IDADE(256) — ATENDIMENTO EM CRECHE E EM PRÉ-ESCOLA — SENTENÇA QUE OBRIGA O MUNICÍPIO DE SÃO PAULO A MATRICULAR CRIANÇAS EM UNIDADES DE ENSINO INFANTIL PRÓXIMAS DE SUA RESIDÊNCIA OU DO ENDEREÇO DE TRABALHO DE SEUS RESPONSÁVEIS LEGAIS, SOB PENA DE MULTA DIÁRIA POR CRIANÇA NÃO ATENDIDA (...) OBRIGAÇÃO ESTATAL DE RESPEITAR OS DIREITOS DAS CRIANÇAS — EDUCAÇÃO INFANTIL — DIREITO ASSEGURADO PELO PRÓPRIO TEXTO CONSTITUCIONAL (CF, ART. 208, IV, NA REDAÇÃO DADA PELA EC N. 53/2006) — COMPREENSÃO GLOBAL DO DIREITO CONSTITUCIONAL À EDUCAÇÃO — DEVER JURÍDICO CUJA EXECUÇÃO SE IMPÕE AO PODER PÚBLICO, NOTADAMENTE AO MUNICÍPIO (CF, ART. 211, § 2º) — LEGITIMIDADE CONSTITUCIONAL DA INTERVENÇÃO DO PODER JUDICIÁRIO EM CASO DE OMISSÃO ESTATAL NA IMPLEMENTAÇÃO DE POLÍTICAS PÚBLICAS PREVISTAS NA CONSTITUIÇÃO — INOCORRÊNCIA DE TRANSGRESSÃO AO POSTULADO DA SEPARAÇÃO DE PODERES — PROTEÇÃO JUDICIAL DE DIREITOS SOCIAIS, ESCASSEZ DE RECURSOS E A QUESTÃO DAS "ESCOLHAS TRÁGICAS" — RESERVA DO POSSÍVEL, MÍNIMO EXISTENCIAL, DIGNIDADE DA PESSOA HUMANA E VEDAÇÃO DO RETROCESSO SOCIAL. (...) POLÍTICAS PÚBLICAS, OMISSÃO ESTATAL INJUSTIFICÁVEL E INTERVENÇÃO CONCRETIZADORA DO PODER JUDICIÁRIO EM TEMA DE EDUCAÇÃO INFANTIL: POSSIBILIDADE CONSTITUCIONAL.

A educação infantil representa prerrogativa constitucional indisponível, que, deferida às crianças, a estas assegura, para efeito de seu desenvolvimento integral, e como

(255) Agravo Regimental em Recurso Extraordinário com (outro) Agravo anteriormente interposto (Disponível em: <http://www.stf.jus.br/portal/jurisprudencia/listarJurisprudencia.asp?s1=639337&base=baseAcordaos> Acesso em: 10.10.11).

(256) Esta questão, além de ter foco sobre o direito social à educação, também pode ser fundamentada baseada no direito subjetivo dos trabalhadores de receber, dos poderes públicos, assistência gratuita, em creches e pré-escolas, a seus filhos e dependentes desde o nascimento até os cinco anos de idade, conforme disposição do art. 7º, XXV, da Constituição Brasileira.

primeira etapa do processo de educação básica, o atendimento em creche e o acesso à pré-escola (CF, art. 208, IV). — Essa prerrogativa jurídica, em consequência, impõe, ao Estado, por efeito da alta significação social de que se reveste a educação infantil, a obrigação constitucional de criar condições objetivas que possibilitem, de maneira concreta, em favor das "crianças até 5 (cinco) anos de idade" (CF, art. 208, IV), o efetivo acesso e atendimento em creches e unidades de pré-escola, sob pena de configurar-se inaceitável omissão governamental, apta a frustrar, injustamente, por inércia, o integral adimplemento, pelo Poder Público, de prestação estatal que lhe impôs o próprio texto da Constituição Federal. — A educação infantil, por qualificar-se como direito fundamental de toda criança, não se expõe, em seu processo de concretização, a avaliações meramente discricionárias da Administração Pública nem se subordina a razões de puro pragmatismo governamental. — Os Municípios — que atuarão, prioritariamente, no ensino fundamental e na educação infantil (CF, art. 211, § 2º) — não poderão demitir-se do mandato constitucional, juridicamente vinculante, que lhes foi outorgado pelo art. 208, IV, da Lei Fundamental da República, e que representa fator de limitação da discricionariedade político-administrativa dos entes municipais, cujas opções, tratando-se do atendimento das crianças em creche (CF, art. 208, IV), não podem ser exercidas de modo a comprometer, com apoio em juízo de simples conveniência ou de mera oportunidade, a eficácia desse direito básico de índole social. — Embora inquestionável que resida, primariamente, nos Poderes Legislativo e Executivo, a prerrogativa de formular e executar políticas públicas, revela-se possível, no entanto, ao Poder Judiciário, ainda que em bases excepcionais, determinar, especialmente nas hipóteses de políticas públicas definidas pela própria Constituição, sejam estas implementadas sempre que os órgãos estatais competentes, por descumprirem os encargos político-jurídicos que sobre eles incidem em caráter impositivo, vierem a comprometer, com a sua omissão, a eficácia e a integridade de direitos sociais e culturais impregnados de estatura constitucional.

DESCUMPRIMENTO DE POLÍTICAS PÚBLICAS DEFINIDAS EM SEDE CONSTITUCIONAL: HIPÓTESE LEGITIMADORA DE INTERVENÇÃO JURISDICIONAL.

O Poder Público — quando se abstém de cumprir, total ou parcialmente, o dever de implementar políticas públicas definidas no próprio texto constitucional — transgride, com esse comportamento negativo, a própria integridade da Lei Fundamental, estimulando, no âmbito do Estado, o preocupante fenômeno da erosão da consciência constitucional. (...) A inércia estatal em adimplir as imposições constitucionais traduz inaceitável gesto de desprezo pela autoridade da Constituição e configura, por isso mesmo, comportamento que deve ser evitado. É que nada se revela mais nocivo, perigoso e ilegítimo do que elaborar uma Constituição sem a vontade de fazê-la cumprir integralmente ou, então, de apenas executá-la com o propósito subalterno de torná-la aplicável somente nos pontos que se mostrarem ajustados à conveniência e aos desígnios dos governantes, em detrimento dos interesses maiores dos cidadãos. — A intervenção do Poder Judiciário, em tema de implementação de políticas governamentais previstas e determinadas no texto constitucional, notadamente na área da educação infantil (RTJ 199/1219-1220), objetiva neutralizar os efeitos lesivos e perversos, que, provocados pela omissão estatal, nada mais traduzem senão inaceitável insulto a direitos básicos que a própria Constituição da República assegura à generalidade das pessoas. (...)

A CONTROVÉRSIA PERTINENTE À "RESERVA DO POSSÍVEL" E A INTANGIBILIDADE DO MÍNIMO EXISTENCIAL: A QUESTÃO DAS "ESCOLHAS TRÁGICAS".

A destinação de recursos públicos, sempre tão dramaticamente escassos, faz instaurar situações de conflito, quer com a execução de políticas públicas definidas no texto constitucional, quer, também, com a própria implementação de direitos sociais assegurados pela Constituição da República, daí resultando contextos de antagonismo que impõem, ao Estado, o encargo de superá-los mediante opções por determinados valores, em detrimento de outros igualmente relevantes, compelindo, o Poder Público, em face dessa relação dilemática, causada pela insuficiência de disponibilidade financeira e orçamentária, a proceder a verdadeiras "escolhas trágicas", em decisão governamental cujo parâmetro, fundado na dignidade da pessoa humana, deverá ter em perspectiva a intangibilidade do mínimo existencial, em ordem a conferir real efetividade às normas programáticas positivadas na própria Lei Fundamental. Magistério da doutrina. — A cláusula da reserva do possível — que não pode ser invocada, pelo Poder Público, com o propósito de fraudar, de frustrar e de inviabilizar a implementação de políticas públicas definidas na própria Constituição — encontra insuperável limitação na garantia constitucional do mínimo existencial, que representa, no contexto de nosso ordenamento positivo, emanação direta do postulado da essencial dignidade da pessoa humana. Doutrina. Precedentes. — A noção de "mínimo existencial", que resulta, por implicitude, de determinados preceitos constitucionais (CF, art. 1º, III, e art. 3º, III), compreende um complexo de prerrogativas cuja concretização revela-se capaz de garantir condições adequadas de existência digna, em ordem a assegurar, à pessoa, acesso efetivo ao direito geral de liberdade e, também, a prestações positivas originárias do Estado, viabilizadoras da plena fruição de direitos sociais básicos, tais como o direito à educação, o direito à proteção integral da criança e do adolescente, o direito à saúde, o direito à assistência social, o direito à moradia, o direito à alimentação e o direito à segurança.

A PROIBIÇÃO DO RETROCESSO SOCIAL COMO OBSTÁCULO CONSTITUCIONAL À FRUSTRAÇÃO E AO INADIMPLEMENTO, PELO PODER PÚBLICO, DE DIREITOS PRESTACIONAIS.

O princípio da proibição do retrocesso impede, em tema de direitos fundamentais de caráter social, que sejam desconstituídas as conquistas já alcançadas pelo cidadão ou pela formação social em que ele vive. — A cláusula que veda o retrocesso em matéria de direitos a prestações positivas do Estado (como o direito à educação, o direito à saúde ou o direito à segurança pública, v.g.) traduz, no processo de efetivação desses direitos fundamentais individuais ou coletivos, obstáculo a que os níveis de concretização de tais prerrogativas, uma vez atingidos, venham a ser ulteriormente reduzidos ou suprimidos pelo Estado. Doutrina. Em consequência desse princípio, o Estado, após haver reconhecido os direitos prestacionais, assume o dever não só de torná-los efetivos mas, também, se obriga, sob pena de transgressão ao texto constitucional, a preservá-los, abstendo-se de frustrar — mediante supressão total ou parcial — os direitos sociais já concretizados. (...)

No segundo acórdão apresentado, após reconhecer que o Brasil segue tendo muito que fazer em termos constitucionais para erradicar o analfabetismo e possibilitar o acesso ao ensino fundamental obrigatório e gratuito, o Supremo Tribunal Federal reconheceu que o então Presidente da República e o Ministro da Educação em exercício adotaram diversos programas sociais para tornar eficaz este direito constitucional e, portanto, não foram omissos quanto à sua implementação, razão pela qual julgaram improcedente a ação. Entretanto, importante destacar que, durante os debates acerca da matéria, asseverou-se que não estava sendo negada a possibilidade de controle de constitucionalidade por omissão de políticas públicas no campo da educação (e dos demais direitos sociais), afirmando a possibilidade da adoção de políticas públicas para chegar aos objetivos do art. 3º constitucional.

ADI n. 1.698/DF

Órgão Julgador: Tribunal Pleno

Relatora: Ministra Cármen Lúcia

Julgamento: 25.2.2010

Publicação: DJe 067 (divulgado em 15.4.2010 e publicado em 16.4.2010)

Requerentes: Partido dos Trabalhadores (PT), Partido Comunista do Brasil (PC do B) e Partido Democrático Trabalhista (PDT)

Requeridos: Presidente da República e Ministro de Estado da Educação

AÇÃO DIRETA DE INCONSTITUCIONALIDADE POR OMISSÃO EM RELAÇÃO AO DISPOSTO NOS ARTS. 6º, 23, INC. V, 208, INC. I, e 214, INC. I DA CONSTITUIÇÃO DA REPÚBLICA. ALEGADA INÉRCIA ATRIBUÍDA AO PRESIDENTE DA REPÚBLICA PARA ERRADICAR O ANALFABETISMO NO PAÍS E PARA IMPLEMENTAR O ENSINO FUNDAMENTAL OBRIGATÓRIO E GRATUITO A TODOS OS BRASILEIROS.

1. Dados do recenseamento do Instituto Brasileiro de Geografia e Estatística demonstram redução do índice da população analfabeta, complementado pelo aumento da escolaridade de jovens e adultos. 2. Ausência de omissão por parte

do Chefe do Poder Executivo federal em razão do elevado número de programas governamentais para a área de educação. 3. A edição da Lei n. 9.394/96 (Lei de Diretrizes e Bases da Educação Nacional) e da Lei n. 10.172/2001 (Aprova o Plano Nacional de Educação) demonstra atuação do Poder Público dando cumprimento à Constituição. 4. Ação direta de inconstitucionalidade por omissão improcedente.

O seguinte caso concreto é um mandado de segurança impetrado em sede de recurso julgado em 1999. A menção deste acórdão tem uma finalidade meramente ilustrativa, pois se trata de um juízo antigo, e não foram localizadas outras decisões da Corte Máxima a respeito do mesmo tema, não representando, frente às decisões mais recentes, a postura jurisprudencial dominante do Tribunal Constitucional. A ação mandamental foi impetrada por uma associação de portadores de deficiência requerendo que o Poder Judiciário intimasse o Município de São Luís e a Secretaria de Educação para que providenciassem a imediata abertura de vagas na rede pública de ensino para alunos com deficiência auditiva ou, subsidiariamente, que os órgãos municipais fossem condenados a custear os gastos da referida associação para que ela mesma ministrasse aulas a seus representados, sem necessidade de celebração prévia de contrato formal. Durante o curso dos debates sobre o caso em tela, o Tribunal Constitucional entendeu, sem acerto, que as disposições constitucionais não permitiam a extração de qualquer efeito concreto no sentido de obrigar os poderes estatais a abrir vagas na rede pública de ensino para os portadores de deficiência. Cabe, entretanto, expor o voto vencido do Ministro Marco Aurélio, para quem, naquele momento, os dispositivos constitucionais que estabeleciam que o Estado devia proporcionar ensino gratuito especializado aos portadores de deficiência eram autoaplicáveis.

RE n. 241.757 AgR/MA[257]

Órgão Julgador: Segunda Turma

Relator: Ministro Maurício Corrêa

Julgamento: 29.6.1999

Publicação: DJ 24.4.2001, p. 129-177

Agravante: Associação dos Portadores de Deficiência Auditiva do Estado do Maranhão — ADAMA

(257) Agravo Regimental em Recurso Extraordinário (Disponível em: <http://redir.stf.jus.br/paginadorpub/paginador.jsp?docTP=AC&docID=333149> Acesso em: 10.10.11).

Agravado: Município de São Luís

AGRAVO REGIMENTAL EM RECURSO EXTRAORDINÁRIO. CONSTITUCIONAL. ADMINISTRATIVO. ENTIDADE PRIVADA DE ASSISTÊNCIA SOCIAL. PRESTAÇÃO DE ENSINO ESPECIALIZADO. REPASSE DE VERBAS DESTINADAS À EDUCAÇÃO. INEXISTÊNCIA DE CONVÊNIO. IMPOSSIBILIDADE. ENSINO FUNDAMENTAL A PORTADORES DE DEFICIÊNCIA. NÃO OFERECIMENTO PELO PODER PÚBLICO. CONSEQÜÊNCIA. PAGAMENTO DAS DESPESAS REALIZADAS PELA IMPETRANTE. PRETENSÃO INCABÍVEL. SÚMULA N. 269-STF.

1. Os recursos públicos, por disposição constitucional, serão repassados às escolas públicas, podendo ser dirigidos às comunitárias, confessionais ou filantrópicas, definidas em lei, que comprovem finalidade não lucrativa e apliquem seus excedentes financeiros em educação e, ainda, que assegurem a destinação de seu patrimônio a outras instituições de idêntica natureza, ou ao poder público, no caso de encerramento de suas atividades. 2. Entidade privada declarada de utilidade pública pelo Governo Federal e reconhecida como de assistência social sem fins lucrativos. Repasse de verbas destinadas à educação. Necessidade de se observar as condições impostas pela Carta da República e de estabelecer convênio com o poder público. 2.1. Repasse de recursos financeiros por decisão judicial. Impossibilidade de o Poder Judiciário imiscuir-se na liberdade do ente público de celebrar contratos administrativos. Direito líquido e certo. Inexistência. 3. Ensino obrigatório a portadores de deficiência. Não oferecimento pelo poder público. Consequência: imputação de responsabilidade à autoridade competente. Apuração. Necessidade de produção de provas. Mandado de Segurança. Inadequação da via eleita. 4. Comprometimento do poder público com o pagamento de dívida contraída por entidade privada na realização de trabalho social, de competência estatal. Pretensão incabível. O mandado de segurança não é sucedâneo de ação de cobrança. Incidência da Súmula n. 269/STF. Agravo regimental não provido.

IV.3) Direito à saúde[258]

Em relação a este direito social, o Supremo Tribunal Federal assentou postura considerando que a Constituição impõe o dever estatal de implementar políticas públicas facilitando o efetivo acesso da população ao sistema de prevenção de enfermidades e às medidas necessárias para proteção e recuperação da saúde dos cidadãos. O Estado deve criar os meios

(258) Assim dispõe o art. 25.1 da Declaração dos Direitos do Homem: *Toda pessoa tem direito a um nível de vida adequado que lhe assegure, assim como à sua família, a saúde e o bem-estar, e em especial a alimentação, o vestuário, a moradia, a assistência médica e os serviços sociais necessários; tem assim mesmo direito aos seguros em caso de desemprego, enfermidade, invalidez, viúvez, velhice ou outros casos de perda de seus meios de subsistência por circunstâncias independentes de sua vontade.*

necessários para proporcionar serviços médico-hospitalares e o provimento de medicamentos, além da implementação de políticas públicas preventivas, vez que os entes federativos garantem recursos em seus orçamentos para sua concretização. Na prática, é comum a posição jurisdicional de que a provisão de medicamentos por parte do poder público é um direito fundamental, desde que o indivíduo comprove sua necessidade e impossibilidade de custeá-los com recursos próprios, considerando-se que o Estado deve ater-se ao espírito de solidariedade para conferir efetividade ao direito garantido constitucionalmente.

O seguinte caso de estudo é emblemático entre os julgados do Supremo Tribunal Federal por conter abundante e firme argumentação acerca de questões relativas aos direitos sociais fundamentais, representando um importante paradigma do exercício desejável da Jurisdição Constitucional brasileira com vistas à proteção de ditos direitos. Trata-se de arguição de descumprimento de preceito fundamental (os mandamentos constitucionais que tenham por objeto garantir a saúde do cidadão) ajuizada com a finalidade de efetivação do dispositivo constitucional que estabelece o porcentual mínimo de gastos no orçamento sobre os serviços públicos de saúde. O ato atacado foi o veto presidencial, no projeto da Lei de Diretrizes Orçamentárias — LDO, ao dispositivo que definira encargos financeiros que não deveriam ser incluídos nas dotações orçamentárias do Ministério da Saúde com o fim de cumprir a porcentagem mínima de gastos dos referidos serviços públicos. Aludido veto possibilitava, assim, que distintos gastos governamentais (da União) fossem computados no montante dos gastos mínimos exigidos constitucionalmente com relação à saúde, criando distorções na política pública definida pela Lei Maior. Ao final, a arguição não foi julgada em virtude da perda incidental de seu objeto, pois após realizar o veto, o então Presidente da República enviou ao Congresso Nacional um projeto de lei, posteriormente convertido em norma jurídica (Lei n. 10.777/2003), que restabeleceu, em sua totalidade, a mesma regra sobre a qual incidira a denegação executiva anterior.

No entanto, antes de extinguir o processo sem julgar a matéria de fundo, o Ministro Relator, em decisão reiteradamente citada em diversos julgados do Supremo Tribunal Federal, manifestou as seguintes razões quanto à matéria: a) defendendo um certo ativismo judicial, é inevitável a dimensão política da jurisdição constitucional atribuída ao Poder Judiciário quando configurado abuso governamental, assumindo o Supremo Tribunal o encargo de tornar efetivos os direitos sociais, econômicos e culturais; b) os demais poderes públicos possuem liberdade tão somente relativa, e não absoluta e arbitrária, para efetivação dos direitos socioeconômicos e culturais; c) quanto ao princípio da reserva do possível, o Estado não pode invocá-lo com a finalidade de exonerar-se do cumprimento de suas obrigações constitucionais, em especial quando, desta conduta governamental negativa, resulta a nulidade ou a aniquilação de direitos constitucionais impregnados de um sentido de essencial fundamentalidade(259). Assim, em uma ponderação entre os direitos à vida e à saúde, de um lado, e o interesse financeiro e secundário do Estado, de outro, entendeu-se pela primazia dos primeiros.

ADPF N. 45 MC/DF(260)

Relator: Ministro Celso de Mello (decisão monocrática)

Julgado: 29.4.2004

Publicação: DJ 4.5.2004, p. 191

Arguido: Presidente da República

Arguente: Partido da Social Democracia Brasileira — PSDB

ARGUIÇÃO DE DESCUMPRIMENTO DE PRECEITO FUNDAMENTAL. A QUESTÃO DA LEGITIMIDADE CONSTITUCIONAL DO CONTROLE E DA INTERVENÇÃO DO PODER JUDICIÁRIO EM TEMA DE IMPLEMENTAÇÃO DE POLÍTICAS PÚBLICAS, QUANDO CONFIGURADA HIPÓTESE DE ABUSIVIDADE GOVERNAMENTAL. DIMENSÃO POLÍTICA DA JURISDIÇÃO CONSTITUCIONAL ATRIBUÍDA AO SUPREMO TRIBUNAL FEDERAL. INOPONIBILIDADE DO ARBÍTRIO ESTATAL À EFETIVAÇÃO DOS DIREITOS SOCIAIS, ECONÔMICOS E CULTURAIS. CARÁTER RELATIVO DA LIBERDADE DE CONFORMAÇÃO DO LEGISLADOR. CONSIDERAÇÕES EM TORNO DA CLÁUSULA DA "RESERVA DO POSSÍVEL". NECESSIDADE DE PRESERVAÇÃO,

---

(259) Deve-se ressaltar o importante argumento de Sarlet, citado por Guerra, de que, tomando-se em conta que a ordem constitucional brasileira proíbe expressamente a pena de morte, a tortura e a imposição de penas desumanas e degradantes mesmo aos condenados por crime hediondo, o poder público não pode basear-se em uma alegada (e mesmo comprovada) insuficiência de recursos para descumprir suas obrigações, sob pena de estar virtualmente condenando à morte uma pessoa cujo crime foi o de ser vítima de um dano à saúde e não ter condições de custear o tratamento. (SARLET, Ingo Wolfgang. Algumas considerações em torno do conteúdo, eficácia e efetividade do direito à saúde na Constituição de 1988. In: GUERRA, Gustavo Rabae: *A concretização judicial dos direitos sociais, seus abismos gnoseológicos e a reserva do possível: por uma dinâmica teórico-dogmática do constitucionalismo social*. Disponível em: <http://www.mp.go.gov.br/portalweb/hp/2/docs/concretizacaldosdireitossociais.pdf> Acesso em: 10.10.11).

(260) Medida Cautelar em arguição de descumprimento de preceito constitucional (Disponível em: <http://www.stf.jus.br/portal/jurisprudencia/visualizarEmenta.asp?s1=000072044&base=baseMo nocraticas> Acesso em: 11.10.11).

EM FAVOR DOS INDIVÍDUOS, DA INTEGRIDADE E DA INTANGIBILIDADE DO NÚCLEO CONSUBSTANCIADOR DO "MÍNIMO EXISTENCIAL". VIABILIDADE INSTRUMENTAL DA ARGÜIÇÃO DE DESCUMPRIMENTO NO PROCESSO DE CONCRETIZAÇÃO DAS LIBERDADES POSITIVAS (DIREITOS CONSTITUCIONAIS DE SEGUNDA GERAÇÃO).

(...) Não obstante a superveniência desse fato juridicamente relevante, capaz de fazer instaurar situação de prejudicialidade da presente arguição de descumprimento de preceito fundamental, não posso deixar de reconhecer que a ação constitucional em referência, considerado o contexto em exame, qualifica-se como instrumento idôneo e apto a viabilizar a concretização de políticas públicas, quando previstas no texto da Carta Política, tal como sucede no caso (EC n. 29/2000), venham a ser descumpridas, total ou parcialmente, pelas instâncias governamentais destinatárias do comando inscrito na própria Constituição da República. Essa eminente atribuição conferida ao Supremo Tribunal Federal põe em evidência, de modo particularmente expressivo, a dimensão política da jurisdição constitucional conferida a esta Corte, que não pode demitir-se do gravíssimo encargo de tornar efetivos os direitos econômicos, sociais e culturais — que se identificam, enquanto direitos de segunda geração, com as liberdades positivas, reais ou concretas (RTJ 164/158-161, Rel. Min. Celso de Mello) —, sob pena de o Poder Público, por violação positiva ou negativa da Constituição, comprometer, de modo inaceitável, a integridade da própria ordem constitucional.

(...) É certo que não se inclui, ordinariamente, no âmbito das funções institucionais do Poder Judiciário — e nas desta Suprema Corte, em especial — a atribuição de formular e de implementar políticas públicas (...), pois, nesse domínio, o encargo reside, primariamente, nos Poderes Legislativo e Executivo. Tal incumbência, no entanto, embora em bases excepcionais, poderá atribuir-se ao Poder Judiciário, se e quando os órgãos estatais competentes, por descumprirem os encargos político-jurídicos que sobre eles incidem, vierem a comprometer, com tal comportamento, a eficácia e a integridade de direitos individuais e/ou coletivos impregnados de estatura constitucional, ainda que derivados de cláusulas revestidas de conteúdo programático. Cabe assinalar, presente esse contexto — consoante já proclamou esta Suprema Corte — que o caráter programático das regras inscritas no texto da Carta Política "não pode converter-se em promessa constitucional inconsequente, sob pena de o Poder Público, fraudando justas expectativas nele depositadas pela coletividade, substituir, de maneira ilegítima, o cumprimento de seu impostergável dever, por um gesto irresponsável de infidelidade governamental ao que determina a própria Lei Fundamental do Estado.

(...) Não obstante a formulação e a execução de políticas públicas dependam de opções políticas a cargo daqueles que, por delegação popular, receberam investidura em mandato eletivo, cumpre reconhecer que não se revela absoluta, nesse domínio, a liberdade de conformação do legislador, nem a de atuação do Poder Executivo. É que, se tais Poderes do Estado agirem de modo irrazoável ou procederem com a clara intenção de neutralizar, comprometendo-a, a eficácia dos direitos sociais, econômicos e culturais, afetando, como decorrência causal de uma injustificável inércia estatal ou de um abusivo comportamento governamental, aquele núcleo intangível consubstanciador de um conjunto irredutível de condições mínimas necessárias a uma existência digna e essenciais à própria sobrevivência do indivíduo, aí, então, justificar-se-á, como precedentemente já enfatizado — e até mesmo por razões fundadas em um imperativo ético-jurídico —, a possibilidade de intervenção do Poder Judiciário, em ordem a viabilizar, a todos, o acesso aos bens cuja fruição lhes haja sido injustamente recusada pelo Estado.

No seguinte processo (assim como em tantos outros), o Supremo Tribunal Federal enfrentou a questão a respeito do obrigatório fornecimento, por parte dos órgãos estatais, de medicamentos de alto custo ou de tratamentos imprescindíveis para o aumento da esperança de vida e a melhora na qualidade de vida dos pacientes carentes. Portanto, decidiu que a imposição judicial de responsabilidade solidária e comum entre os entes federados (União, Estados e Municípios) em matéria de satisfação do direito social à saúde não significa, sob hipótese alguma, violação ao princípio da separação dos poderes ou grave lesão à ordem constitucional. No caso particular, o Poder Judiciário determinou aos entes federados (União, Estado do Ceará e Município de Fortaleza) que fornecessem medicamento a uma jovem portadora de patologia grave (*Niemann-Pick* tipo "C"), devido a que sua família não contava com os meios econômicos necessários para custear os gastos médicos que requeria o citado tratamento. O Tribunal, atento à realidade de sua relação com os demais poderes estatais, também analisou a importância e os impactos do ativismo judicial, em especial na satisfação dos direitos sociais constitucionais.

STA N. 175 — AgR/CE[261]

Órgão Julgador: Tribunal Pleno

Relator: Ministro Gilmar Mendes

Julgamento: 17.3.2010

Publicação: DJe 076 (divulgado em 29.4.2010 e publicado em 30.4.2010)

Agravante: União

Agravado: Ministério Público Federal

(261) Recurso de Agravo Regimental em Suspensão de Tutela Antecipada (Disponível em: <http://redir.stf.jus.br/paginadorpub/paginador.jsp?docTP=AC&docID=610255> Acesso em: 11.10.11).

Suspensão de Segurança. Agravo Regimental. Saúde pública. Direitos fundamentais sociais. Art. 196 da Constituição. Audiência Pública. Sistema Único de Saúde — SUS. Políticas públicas. Judicialização do direito à saúde. Separação de poderes. Parâmetros para solução judicial dos casos concretos que envolvem direito à saúde. Responsabilidade solidária dos entres da Federação em matéria de saúde. Fornecimento de medicamento: Zavesca (*miglustat*). Fármaco registrado na ANVISA. Não comprovação de grave lesão à ordem, à economia, à saúde e à segurança públicas. Possibilidade de ocorrência de dano inverso. Agravo regimental a que se nega provimento.

(...) Em relação aos direitos sociais, é preciso levar em consideração que a prestação devida pelo Estado varia de acordo com a necessidade específica de cada cidadão. Assim, enquanto o Estado tem que dispor de um determinado valor para arcar com o aparato capaz de garantir a liberdade dos cidadãos universalmente, no caso de um direito social como a saúde, por outro lado, deve dispor de valores variáveis em função das necessidades individuais de cada cidadão. Gastar mais recursos com uns do que com outros envolve, portanto, a adoção de critérios distributivos para esses recursos.

Dessa forma, em razão da inexistência de suportes financeiros suficientes para a satisfação de todas as necessidades sociais, enfatiza-se que a formulação das políticas sociais e econômicas voltadas à implementação dos direitos sociais implicaria, invariavelmente, escolhas alocativas. Essas escolhas seguiriam critérios de justiça distributiva (o quanto disponibilizar e quem atender), configurando-se como típicas opções políticas, as quais pressupõem "escolhas trágicas" pautadas por critérios de macrojustiça. É dizer, a escolha da destinação de recursos para uma política e não para outra leva em consideração fatores como o número de cidadãos atingidos pela política eleita, a efetividade e a eficácia do serviço a ser prestado, a maximização dos resultados etc.

(...) O fato é que o denominado problema da "judicialização do direito à saúde" ganhou tamanha importância teórica e prática, que envolve não apenas os operadores do direito, mas também os gestores públicos, os profissionais da área de saúde e a sociedade civil como um todo. Se, por um lado, a atuação do Poder Judiciário é fundamental para o exercício efetivo da cidadania, por outro, as decisões judiciais têm significado um forte ponto de tensão entre os elaboradores e os executores das políticas públicas, que se veem compelidos a garantir prestações de direitos sociais das mais diversas, muitas vezes contrastantes com a política estabelecida pelos governos para a área de saúde e além das possibilidades orçamentárias.

(...) Enfim, como enfatiza Canotilho, "havemos de convir que a problemática jurídica dos direitos sociais se encontra hoje numa posição desconfortável".

(...) Esse foi um dos primeiros entendimento que sobressaiu nos debates ocorridos na Audiência Pública — Saúde: no Brasil, o problema talvez não seja de judicialização ou, em termos mais simples, de interferência do Poder Judiciário na criação e implementação de políticas públicas em matéria de saúde, pois o que ocorre, na quase totalidade dos casos, é apenas a determinação judicial do efetivo cumprimento de políticas públicas já existentes.

(...) Assim, também com base no que ficou esclarecido na Audiência Pública, o primeiro dado a ser considerado é a existência, ou não, de política estatal que abranja a prestação de saúde pleiteada pela parte. Ao deferir uma prestação de saúde incluída entre as políticas sociais e econômicas formulas pelo Sistema Único de Saúde (SUS), o Judiciário não está criando política pública, mas apenas determinando o seu cumprimento. Nesses casos, a existência de um direito subjetivo público a determinada política pública de saúde parece ser evidente.

Se a prestação de saúde pleiteada não estiver entre as políticas do SUS, é imprescindível distinguir se a não prestação decorre de (1) uma omissão legislativa ou administrativa, (2) de uma decisão administrativa de não fornecê-la ou (3) de uma vedação legal à sua dispensação.

(...) Essa conclusão não afasta, contudo, a possibilidade de o Poder Judiciário, ou de a própria Administração, decidir que medida diferente da custeada pelo SUS deve ser fornecida a determinada pessoa que, por razões específicas do seu organismo, comprove que o tratamento fornecido não é eficaz no seu caso.

Em consonância com o exposto anteriormente, em outros casos[(262)] o Supremo Tribunal, há mais de uma década, adotou a postura de que o direito social fundamental à saúde é uma consequência constitucional inseparável do direito à vida, por cuja integridade deve velar, de maneira responsável, o poder público, sob pena de incidir em censurável omissão devido ao grave comportamento inconstitucional. Por último, o reconhecimento judicial da validade jurídica de programas de distribuição gratuita de medicamentos a pessoas carentes dá efetividade aos preceitos fundamentais da Constituição da República e representa, na concretização de seu objetivo, um gesto reverente e solidário de apreço à vida e à saúde das pessoas, especialmente daquelas que nada possuem, a não ser a consciência de sua própria humanidade e de sua essencial dignidade.

No entanto, com propriedade, os tribunais devem ter triplicada atenção na análise dos casos concretos para que não haja a concessão de ajudas públicas a quem possui recursos próprios para satisfazer suas necessidades ou, ainda, para quem deseja experimentar tratamentos ou medicamentos

---

(262) Por exemplo: STF, RE n. 271.286 AgR/RS, Segunda Turma, Rel. Min Celso de Mello, DJU 24.11.2000, p. 101 (Disponível em: <http://redir.stf.jus.br/paginadorpub/paginador.jsp?docTP=AC&docID=335538> Acesso em: 11.10.11).

não reconhecidos pela legislação brasileira ou, pior, para quem não quer submeter-se às regras e aos procedimentos próprios do Sistema Único de Saúde.

IV.4) Direito ao trabalho[263]

Por amor ao debate, faz-se necessário tecer algumas considerações iniciais sobre este importante direito social fundamental. Para Díez-Picazo, *o valor ou bem jurídico protegido pelo direito ao trabalho é a vida ativa, entendida como o emprego das energias individuais a fim de produzir bens e serviços de toda índole, tanto para ganhar o sustento como, de forma geral, para desenvolver a própria personalidade*[264].

Em geral, é certo que o objetivo do contrato de trabalho não é a pessoa que o executa, senão sua atividade. Não menos correto é, entretanto, que não se pode separar o trabalho da pessoa que o presta. A partir desta premissa, fácil é concluir que, na execução do contrato laboral, o trabalhador reúne a dupla qualidade de titular de direitos fundamentais (civis e políticos), que lhe assistem como cidadão, e de titular de direitos fundamentais aplicáveis no âmbito da relação estrita do trabalho. Em outras palavras, ao inserir sua atividade laboral na organização empresarial, o trabalhador adquire direitos inerentes à nova posição jurídica sem perder, contudo, aqueles dos quais era titular anteriormente. Assim, em suas relações com o empregador, o trabalhador tem direitos que lhe incumbem como pessoa, ou seja, como cidadão e trabalhador[265].

O exercício dos direitos fundamentais em função da relação contratual de trabalho requer uma ponderação das circunstâncias concretas em cada caso, pois frente à vida profissional, a vida privada se retrai, e a liberdade do trabalhador descobre limites no poder do empregador. Em contrapartida, sobre a vida privada do trabalhador seu chefe não exerce, em princípio,

---

(263) De conformidade com o art. 23 da Declaração dos Direitos do Homem:.

1. Toda pessoa tem direito ao trabalho, à livre eleição de seu trabalho, a condições equitativas e satisfatórias de trabalho e à proteção contra o desemprego.
2. Toda pessoa tem direito, sem discriminação alguma, a igual salário por trabalho igual.
3. Toda pessoa que trabalha tem direito a uma remuneração equitativa e satisfatória, que lhe assegure, assim como à sua família, uma existência conforme a dignidade humana e que será completada, caso necessário, por quaisquer outros meios de proteção social.
4. Toda pessoa tem direito a fundar sindicatos e a sindicalizar-se para a defesa de seus interesses.

(264) DÍEZ-PICAZO, 2008, p. 511.

(265) HEYMANN-DOAT, 2002, p. 150.

poder algum. O comportamento do obreiro, em sua vida pessoal, somente em casos excepcionais pode justificar a imposição de sanções disciplinares (como a despedida por justa causa). Esse fato merece especial destaque na atual conjuntura, quando a busca de flexibilidade na gestão dos recursos humanos e a valoração de novas tecnologias ameaçam o trabalhador em sua vida privada e no que diz respeito a certos direitos sociais fundamentais. Quanto maior a flexibilidade e quanto mais insegura a posição social do trabalhador, mais firme deveria ser a garantia de aludidos direitos.

Importa mencionar que, em tema de aplicação dos direitos fundamentais no âmbito da relação laboral, não se pode perder de vista também que esta específica relação jurídica é por essência desigual e assimétrica, resultado de um poder exercido por pessoas sobre outras, estas situadas em posição de subordinação jurídica ou estrutural. Essa desigualdade básica encontra-se na própria origem do Direito do Trabalho, criado exatamente para compensar com alguma vantagem mínima a desigualdade de fato, razão maior para que a Justiça Constitucional atue de forma a facilitar a implementação destes direitos sociais fundamentais.

Para Pérez Royo, o citado direito pode ser contemplado a partir de uma dupla perspectiva: individual e social ou coletiva. Em seu aspecto individual, concretiza-se no igual direito de todos a um determinado posto de trabalho acaso cumpridos os requisitos necessários de capacitação e no direito à continuidade ou estabilidade no emprego, ou seja, a não ser demitido se não existe uma causa justa. Por outro lado, em sua dimensão coletiva, o direito social ao trabalho implica, ademais, um mandato aos poderes públicos para que levem a cabo uma política de pleno emprego[(266)].

Feitas esta breves considerações, e prosseguindo com a análise da postura do Supremo Tribunal Federal frente aos direitos sociais, no caso que se segue a Suprema Corte, evoluindo em sua jurisprudência[(267)], adotou o entendimento de que, em estrita observância à segurança jurídica na interpretação da omissão legislativa (no caso analisado, sobre o direito de greve dos servidores públicos civis) apresentada mediante mandado de injunção, era devida a fixação judicial de prazo para que o Congresso Nacional regulamentasse a matéria, principalmente depois de que este poder estatal

(266) PÉREZ ROYO, 2010, p. 439-440.

(267) Antigamente, a Corte Suprema, ao julgar um mandado de injunção, após reconhecer e declarar a mora legislativa, apenas a comunicava ao Congresso Nacional para que regularizasse o direito, sem estabelecer nenhuma penalidade ou prazo para tanto, o que conferia um efeito prático nulo de suas decisões quanto ao *writ*. Isto ocorreu, por exemplo, no caso do julgamento do MI n. 695/MA. (Disponível em: <http://redir.stf.jus.br/paginadorpub/paginador.jsp?docTP=AC&docID=439240> Acesso em: 11.10.11).

tenha sido notificado, várias vezes, sobre o mesmo tema, sem apresentar nenhuma resposta afirmativa. Independentemente disso, até a oportuna expedição da referida norma específica por parte do legislador, o Tribunal, em autêntico ativismo judicial, e admitindo soluções normativas para as decisões da justiça como alternativa legítima de tornar efetiva a proteção judicial dos direitos fundamentais constitucionalmente garantidos, determinou a aplicação das leis que disciplinam os movimentos de greve no âmbito do setor privado(268), cuja aplicação não cabia, até aquele momento, aos servidores estatais.

MI N. 708/DF(269)

Órgão Julgador: Tribunal Pleno

Relator: Ministro Gilmar Mendes

Julgamento: 25.10.2007

Publicação: DJe 206 (divulgado em 30.10.2008 e publicado em 31.10.2008)

Impetrante: Sindicato dos Trabalhadores em Educação do Município de João Pessoa — SINTEM

Impetrado: Congresso Nacional

MANDADO DE INJUNÇÃO. GARANTIA FUNDAMENTAL (CF, ART. 5º, INCISO LXXI). DIREITO DE GREVE DOS SERVIDORES PÚBLICOS CIVIS (CF, ART. 37, INCISO VII). EVOLUÇÃO DO TEMA NA JURISPRUDÊNCIA DO SUPREMO TRIBUNAL FEDERAL (STF). DEFINIÇÃO DOS PARÂMETROS DE COMPETÊNCIA CONSTITUCIONAL PARA APRECIAÇÃO NO ÂMBITO DA JUSTIÇA FEDERAL E DA JUSTIÇA ESTADUAL ATÉ A EDIÇÃO DA LEGISLAÇÃO ESPECÍFICA PERTINENTE, NOS TERMOS DO ART. 37, VII, DA CF. EM OBSERVÂNCIA AOS DITAMES DA SEGURANÇA JURÍDICA E À EVOLUÇÃO JURISPRUDENCIAL NA INTERPRETAÇÃO DA OMISSÃO LEGISLATIVA SOBRE O DIREITO DE GREVE DOS SERVIDORES PÚBLICOS CIVIS, FIXAÇÃO DO PRAZO DE 60 (SESSENTA) DIAS PARA QUE O CONGRESSO NACIONAL LEGISLE SOBRE A MATÉRIA. MANDADO DE INJUNÇÃO DEFERIDO PARA DETERMINAR A APLICAÇÃO DAS LEIS NS. 7.701/1988 E 7.783/1989.

---

(268) Neste sentido, o Supremo Tribunal Federal determinou que, em futuros casos concretos, mediante solicitação de entidade ou órgão legítimo, seja facultado ao juiz competente a fixação de regime de greve mais severo, em razão de tratar-se de serviços ou atividades essenciais, garantindo a continuidade da prestação dos mesmos (conforme determinam os arts. 9º a 11 da Lei n. 7.783/1989).

(269) Mandado de Injunção (Disponível em: <http://redir.stf.jus.br/paginadorpub/paginador.jsp?docTP=AC&docID=558551> Acesso em: 11.10.11).

(...) 3.2. Apesar das modificações implementadas pela Emenda Constitucional n. 19/1998 quanto à modificação da reserva legal de lei complementar para a de lei ordinária específica (CF, art. 37, VII), observa-se que o direito de greve dos servidores públicos civis continua sem receber tratamento legislativo minimamente satisfatório para garantir o exercício dessa prerrogativa em consonância com imperativos constitucionais.

3.3. Tendo em vista as imperiosas balizas jurídico-políticas que demandam a concretização do direito de greve a todos os trabalhadores, o STF não pode se abster de reconhecer que, assim como o controle judicial deve incidir sobre a atividade do legislador, é possível que a Corte Constitucional atue também nos casos de inatividade ou omissão do Legislativo.

3.4. A mora legislativa em questão já foi, por diversas vezes, declarada na ordem constitucional brasileira. Por esse motivo, a permanência dessa situação de ausência de regulamentação do direito de greve dos servidores públicos civis passa a invocar, para si, os riscos de consolidação de uma típica omissão judicial.

3.5. Na experiência do direito comparado (em especial, na Alemanha e na Itália), admite-se que o Poder Judiciário adote medidas normativas como alternativa legítima de superação de omissões inconstitucionais, sem que a proteção judicial efetiva a direitos fundamentais se configure como ofensa ao modelo de separação de poderes (CF, art. 2º).

Importante acrescentar que, no julgamento do MI n. 712/PA[270], com idêntico conteúdo, o Supremo Tribunal registrou que *Esta Corte não se presta, quando se trate da apreciação de mandados de injunção, a emitir decisões desnutridas de eficácia. (...) A greve, poder de fato, é a arma mais eficaz de que dispõem os trabalhadores visando à conquista de melhores condições de vida. Sua autoaplicabilidade é inquestionável; trata-se de direito fundamental de caráter instrumental.* E, em complemento, afirmou-se que *O argumento de que a Corte estaria então a legislar — o que se afiguraria inconcebível, por ferir a independência e harmonia entre os poderes [art. 2º da Constituição do Brasil] e a separação dos poderes [art. 60, § 4º, III] — é insubsistente. O Poder Judiciário está vinculado pelo dever-poder de, no mandado de injunção, formular supletivamente a norma regulamentadora de que carece o ordenamento jurídico. No mandado de injunção o Poder Judiciário não define norma de decisão, mas enuncia o texto normativo que faltava para, no caso, tornar viável o exercício do direito de greve dos servidores públicos.*

Relativamente ao direito previsto no art. 7º, XXI, do Texto Maior (aviso-prévio proporcional ao tempo de prestação de serviço), o Órgão Pleno do

(270) MI n. 712/PA, Tribunal Pleno, Rel. Min. Eros Grau, DJe n. 206, de 30.10.2008 (Disponível em: <http://redir.stf.jus.br/paginadorpub/paginador.jsp?docTP=AC&docID=558553> Acesso em: 12.10.11).

Supremo Tribunal Federal suspendeu, em 22 de junho de 2011, para aprofundar os estudos acerca do tema, quatro julgamentos de mandados de injunção[271], vez que o Congresso Nacional também omitiu-se em regular aludido dispositivo constitucional. No entanto, os Ministros observaram que a Suprema Corte deveria manter o avanço das decisões anteriores de omissão legislativa, em que somente advertiu ao Legislativo sobre a necessidade de regulamentar o respectivo dispositivo invocado, e adotar, em característica postura do ativismo judicial ora proposto, uma regra para o caso concreto, baseando-se no direito comparado internacional, até mesmo para estimular o Congresso Nacional a votar uma lei regulamentadora.

Importante registrar que, no curso final da elaboração desta dissertação, o Congresso Nacional Brasileiro, pressionado pela possibilidade do Supremo Tribunal Federal de elaborar uma norma jurídica muito mais favorável aos empregados (aviso prévio de até cento e oitenta dias, aplicando o direito comparado — casos da Alemanha, Dinamarca e Suíça), editou a Lei n. 12.506/11, a qual definiu o período máximo do aviso prévio a noventa dias, dependentes do tempo de serviço do trabalhador. Além de demonstrar a forte influência das decisões do Supremo Tribunal Federal no cenário político-constitucional brasileiro (pois esta lei foi editada após a manifestação — mais audaz — da postura de alguns de seus Ministros), o tema começa a promover muitos debates jurídicos, como aqueles que defendem que a lei, ao limitar o período máximo de concessão do pré-aviso, não explicou o porquê desta medida, razão pela qual deve ser objeto de futura ação de inconstitucionalidade.

Especial destaque deve ser dado, ainda, à análise dos julgamentos, em sede de jurisdição constitucional concentrada[272], das muitas ações diretas de inconstitucionalidade por omissão e da arguição de descumprimento de preceito constitucional apresentadas sob o fundamento de que o valor determinado para o salário mínimo não preservava o poder aquisitivo dos trabalhadores, vez que foi reajustado baseado em índices inferiores ao da inflação do período, em evidente descumprimento do determinado no art. 7º, IV, da Constituição Política.

A propósito, de forma sem precedentes até então, a admissão do processamento da ADI n. 1.458/DF foi conhecida sob o entendimento explícito de que a violação do comando do referido artigo configurava hipótese de inconstitucionalidade por omissão parcial[273], reconhecendo

(271) Mandados de Injunção ns. 943/DF, 1010/DF, 1074/DF e 1090/DF.

(272) Controle abstrato, com efeitos *erga omnes* e vinculantes.

(273) Isto significa que a lei existe, mas não satisfaz plenamente o mandamento constitucional, por insuficiência ou deficiência de seu texto.

não somente a parte da regra que determina a obrigação de reajuste que preserve o poder aquisitivo, mas também a imposição de que o salário mínimo satisfaça às necessidades essenciais do trabalhador e de sua família, como se extrai da seguinte decisão.

> ADI N. 1.458 MC/DF[274]
>
> Órgão Julgador: Tribunal Pleno
>
> Relator: Ministro Celso de Mello
>
> Julgamento: 23.5.1996
>
> Publicação: DJ 20.9.1996, p. 34531
>
> Requerente: Confederação Nacional dos Trabalhadores na Saúde — CNTS
>
> Requeridos: Presidente da República e Congresso Nacional
>
> (...) SALÁRIO MÍNIMO — SATISFAÇÃO DAS NECESSIDADES VITAIS BÁSICAS — GARANTIA DE PRESERVAÇÃO DE SEU PODER AQUISITIVO.
>
> A cláusula constitucional inscrita no art. 7º, IV, da Carta Política — para além da proclamação da garantia social do salário mínimo — consubstancia verdadeira imposição legiferante que, dirigida ao Poder Público, tem por finalidade vinculá-lo à efetivação de uma prestação positiva destinada (a) a satisfazer as necessidades essenciais do trabalhador e de sua família e (b) a preservar, mediante reajustes periódicos, o valor intrínseco dessa remuneração básica, conservando-lhe o poder aquisitivo. O legislador constituinte brasileiro delineou, no preceito consubstanciado no art. 7º, IV, da Carta Política, um nítido programa social destinado a ser desenvolvido pelo Estado, mediante atividade legislativa vinculada. Ao dever de legislar imposto ao Poder Público — e de legislar com estrita observância dos parâmetros constitucionais de índole jurídico-social e de caráter econômico-financeiro (CF, art. 7º, IV) —, corresponde o direito público subjetivo do trabalhador a uma legislação que lhe assegure, efetivamente, as necessidades vitais básicas individuais e familiares e que lhe garanta a revisão periódica do valor salarial mínimo, em ordem a preservar, em caráter permanente, o poder aquisitivo desse piso remuneratório.
>
> SALÁRIO MÍNIMO — VALOR INSUFICIENTE — SITUAÇÃO DE INCONSTITUCIONALIDADE POR OMISSÃO PARCIAL.

---

(274) Medida Cautelar na Ação Direta de Inconstitucionalidade (Disponível em: <http://redir.stf.jus.br/paginadorpub/paginador.jsp?docTP=AC&docID=347068> Acesso em: 12.10.11).

A insuficiência do valor correspondente ao salário mínimo, definido em importância que se revele incapaz de atender as necessidades vitais básicas do trabalhador e dos membros de sua família, configura um claro descumprimento, ainda que parcial, da Constituição da República, pois o legislador, em tal hipótese, longe de atuar como o sujeito concretizante do postulado constitucional que garante à classe trabalhadora um piso geral de remuneração (CF, art. 7º, IV), estará realizando, de modo imperfeito, o programa social assumido pelo Estado na ordem jurídica. — A omissão do Estado — que deixa de cumprir, em maior ou em menor extensão, a imposição ditada pelo texto constitucional — qualifica-se como comportamento revestido da maior gravidade político-jurídica, eis que, mediante inércia, o Poder Público também desrespeita a Constituição, também ofende direitos que nela se fundam e também impede, por ausência de medidas concretizadoras, a própria aplicabilidade dos postulados e princípios da Lei Fundamental. — As situações configuradoras de omissão inconstitucional — ainda que se cuide de omissão parcial, derivada da insuficiente concretização, pelo Poder Público, do conteúdo material da norma impositiva fundada na Carta Política, de que é destinatário — refletem comportamento estatal que deve ser repelido, pois a inércia do Estado qualifica-se, perigosamente, como um dos processos informais de mudança da Constituição, expondo-se, por isso mesmo, à censura do Poder Judiciário.

Entretanto, por unanimidade de votos, os Ministros do Supremo Tribunal negaram o pedido de medida liminar sob o argumento de ser impossível sua concessão em casos de ação direta de inconstitucionalidade por omissão, dado que ao Tribunal somente caberia dar ciência ao poder omisso da existência da omissão, não sendo possível, no aludido caso, que o Poder Judiciário suprimisse a inatividade do legislador descumpridor. Ao final, a ação foi extinta sem ser julgada por motivo de ausência de requisito processual, qual seja, a falta de aditamento em relação às novas medidas provisórias que alteraram o valor do salário mínimo durante o curso da mesma.

Com efeito, como a Suprema Corte afirmou, clara e reiteradamente, que mediante ação direta de inconstitucionalidade por ação ou omissão do órgão responsável era impossível uma atuação judicial para cessar o ato inconstitucional, em que pese o fato de ter reconhecido a inconstitucionalidade relativa ao reajuste e ao valor do salario mínimo naquele momento, foi ajuizada a Arguição de Descumprimento de Preceito Constitucional n. 4[275], que teve por objeto central a inconstitucionalidade do salário mínimo decretado em 2000, ocasião que o Presidente da República fixou seu valor por meio de medida provisória, em determinado valor (R$ 151,00 — cento

(275) ADPF n. 4 MC/DF, Tribunal Pleno, Rel. Min. Ellen Gracie, DJ 22.9.2006, p. 28, cujo arguente foi o Partido Democrático Trabalhista (PDT) e o arguido foi o Presidente da República. (Disponível em: <http://redir.stf.jus.br/paginadorpub/paginador.jsp?docTP=AC&docID=348433> Acesso em: 12.10.11).

e cinquenta e um reais) e, na sequência, reeditou a medida provisória, mas com um valor inferior ao da edição inicial (R$ 120,00 — cento e vinte reais), contrariando os preceitos fundamentais violados(276). Quanto ao pedido da Arguição, autorizava a que o Supremo Tribunal Federal, declarando inconstitucional o ato normativo ou a lei, fixasse as condições e o modo de interpretação e aplicação do preceito fundamental. Infelizmente, após mais de seis anos, o Tribunal declarou a perda do objeto da ação.

Com maior ênfase, a arguição de descumprimento de preceito constitucional revelou a ineficácia da ação direta de inconstitucionalidade por omissão na efetivação dos direitos sociais fundamentais, pois os efeitos desta última são, de conformidade com a jurisprudência consolidada no Supremo Tribunal Federal, bastante restritos, correspondendo unicamente cientificar ao legislador descumpridor para que adote as medidas necessárias à concretização do texto constitucional, não podendo-lhe fixar prazo para esta atuação. Por outro lado, a própria lei que regula a arguição de descumprimento (Lei n. 9.882/99) dispõe que, após julgar esta ação procedente, deve-se fazer a comunicação às autoridades responsáveis pela prática dos atos questionados, fixando as condições e o modo de interpretação e aplicação do preceito fundamental (art. 10).

Outro caso emblemático digno de menção é o que o Supremo Tribunal Federal afirmou, em entendimento vacilante da Súmula Vinculante n. 6, ser possível a fixação de contraprestação remuneratória (soldo) aos prestadores de serviços militares obrigatórios inferior ao salário mínimo. O criticável argumento adotado foi o de que a Constituição Brasileira não equiparou os trabalhadores militares (considerados *lato sensu*) aos trabalhadores civis. Ainda, considerou-se que a prestação destes serviços é uma obrigação relacionada com a defesa da soberania nacional, enquanto se esqueceu do fato de que, ao prestar referido *munus* público, o cidadão está impedido de exercer sua liberdade de eleição de emprego ou ofício ou, em outras palavras, de receber qualquer outra remuneração, inclusive maior, para ajudar ou prover seu sustento próprio e o de sua família. Além disso, daí se depreende uma odiosa discriminação referente ao status de militar, dada a impossibilidade dos homens em prestação obrigatória de serviço militar buscar maior rendimento.

---

(276) São eles, no caso concreto: os fundamentos da República Federativa do Brasil: cidadania, dignidade da pessoa humana e valores sociais do trabalho e da livre iniciativa (art. 1º, II, III e IV e parágrafo único, CF/88); a independência dos poderes (art. 2º, CF/88); os objetos da República Federativa do Brasil (art. 3º, CF/88); as competências do Congresso Nacional (art. 48, CF/88); o impedimento de delegação no processo legislativo (art. 68, II, CF/88); e o próprio art. 7º, IV, conforme depreende-se da petição inicial.

RE N. 551.453/MG

Órgão Julgador: Tribunal Pleno

Relator: Ministro Ricardo Lewandowski

Julgamento: 30.4.2008

Publicação: DJe 117 (divulgado em 26.6.2008 e publicado em 27.6.2008)

Recorrente: Geziel de Lima Barbosa

Recorrida: União

CONSTITUCIONAL. SERVIÇO MILITAR OBRIGATÓRIO. SOLDO. VALOR INFERIOR AO SALÁRIO MÍNIMO. VIOLAÇÃO AOS ARTS. 1º, III, 5º, *CAPUT*, E 7º, IV, DA CF. INOCORRÊNCIA. RÉ DESPROVIDO.

I — A Constituição Federal não estendeu aos militares a garantia de remuneração não inferior ao salário mínimo, como o fez para outras categorias de trabalhadores. II — O regime a que submetem os militares não se confunde com aquele aplicável aos servidores civis, visto que têm direitos, garantias, prerrogativas e impedimentos próprios. III — Os cidadãos que prestam serviço militar obrigatório exercem um múnus público relacionado com a defesa da soberania da pátria. IV — A obrigação do Estado quanto aos conscritos limita-se a fornecer-lhes as condições materiais para a adequada prestação do serviço militar obrigatório nas Forças Armadas. V — Recurso extraordinário desprovido.

Por último, mas em igualdade de importância, deve-se registrar que, para alguns autores, como Martins Filho[277], o poder normativo que a Justiça do Trabalho Brasileira dispõe de estabelecer normas e condições de trabalho além das previstas na lei permite que, em caso de lacuna legislativa, os tribunais laborais tornem efetivos, para cada categoria profissional, os direitos sociais fundamentais correspondentes. Desta maneira, a sentença normativa, como inovadora da ordem jurídica, pode sanar a omissão constitucional, constituindo-se, ao lado das ações civis públicas, em um grande instrumento de apaziguamento social no campo das relações laborais que terá a Justiça do Trabalho em suas mãos, em autêntico ativismo judicial proclamado pela própria Constituição de 1988.

IV.5) Direito à moradia[278]

Não há julgamentos relevantes acerca deste direito fundamental pelo Supremo Tribunal Federal. No RE n. 608.558

(277) MARTINS FILHO, 2009.

(278) Art. 25.1 da Declaração dos Direitos do Homem.

AgR/RJ[279], o Tribunal Constitucional, reiterando a posição adotada no julgamento do RE n. 407.688/SP[280], afirmou a dignidade fundamental constitucional do direito à moradia, asseverando que aludidos direitos são judicializáveis e exigíveis imediatamente. No entanto, foi reconhecida a responsabilidade solidária do fiador pelos débitos do inquilino oriundos do contrato de locação imobiliária, permitindo-se a constrição dos bens daquele, ainda que seja único (bem de família). Neste julgamento, consignou-se que, por tratar-se de relação entre particulares baseada na lei civil, fazendo um julgamento de ponderação entre os direitos do locador e do fiador, procurando facilitar o acesso ao mercado de locação imobiliária, *não repugna à ordem Constitucional que o direito social de moradia (...) pode, sem prejuízo de outras alternativas conformadoras, reputar-se, em certo sentido, implementado por norma jurídica que estimule ou favoreça o incremento da oferta de imóveis para fins de locação habitacional, mediante previsão de reforço das garantias contratuais dos locadores. (...) A expropriação do bem do fiador tende, posto que por via oblíqua, também a proteger o direito social de moradia, protegendo direito inerente à condição de locador.*

Em outro caso distinto[281], já ressaltado anteriormente, analisando a questão salarial dos membros da Polícia Militar do Estado do Rio Grande do Sul, entre tantas outras de idêntico conteúdo, o Supremo Tribunal Federal declarou a essencialidade do direito à moradia ao replicar a expressão constitucional ("necessidades vitais básicas") presente no art. 7º, IV, que define o salário mínimo.

IV.6) Direito ao ócio[282]

Este é outro direito social pouco requerido aos órgãos judiciais. Em algumas poucas decisões do Supremo Tribunal Federal reconheceu-se a

(279) RE n. 608.558 AgR/RJ, Primeira Turma, Rel. Min. Ricardo Lewandowski, Dje 145 – divulgado em 5.8.2010 e publicado em 6.8.2010. (Disponível em: <http://redir.stf.jus.br/paginadorpub/paginador.jsp?docTP=AC&docID=613148> Acesso em: 13.10.11).

(280) RE n. 407.688/AC, Tribunal Pleno, Rel. Min. Cezar Peluso, DJ 6.10.2006, p. 33 (Disponível em: <http://redir.stf.jus.br/paginadorpub/paginador.jsp?docTP=AC&docID=261768> Acesso em: 13.10.11).

(281) RE n. 201.460 AgR/RS, Segunda Turma, Rel. Min. Maurício Corrêa, DJ 22.11.1996, p. 45735 (Disponível em: <http://redir.stf.jus.br/paginadorpub/paginador.jsp?docTP=AC&docID=330590> Acesso em: 13.10.11).

(282) O art. 24 da Declaração dos Direitos do Homem assim dispõe: *Toda pessoa tem direito ao descanso, ao desfrute do tempo livre, à uma limitação razoável da duração do trabalho e a férias periódicas pagas.*

importância fundamental do mesmo (RE n. 631.733/RS[283], AI n. 796.584/RJ[284], RE n. 545.841/RN[285]), afirmando que o ócio é um meio complementar à formação pessoal dos cidadãos. Em outro acórdão[286], reconheceu-se expressamente que é uma das necessidades humanas que deve ser priorizada pelos poderes estatais.

IV.7) Direito à segurança

No julgamento do RE n. 559.646 AgR/PR, analisando o pedido do Ministério Público Estadual do Paraná, o Supremo Tribunal Federal afirmou, adotando os fundamentos da ADPF n. 45/DF, que o direito social à segurança possui uma dimensão política que lhe impõe o encargo de torná-lo efetivo, sob a pena grave do poder público comprometer a integridade da ordem constitucional, revelando-se possível ao Poder Judiciário determinar a implementação, pelo Estado descumpridor, das políticas constitucionalmente previstas[287].

RE N. 559.646 AgR/PR[288]

Órgão Julgador: Segunda Turma

Relatora: Ministra Ellen Gracie

---

(283) RE n. 631.733/RS, Rel. Min. Cármen Lúcia, DJe 239, divulgado em 7.12.2010 e publicado em 9.12.2010. (Disponível em: <http://www.stf.jus.br/portal/jurisprudencia/visualizarEmenta.asp?s1=000123937&base=baseMonocraticas> Acesso em: 14.10.11).

(284) AI n. 796.584/RJ, Rel. Min. Aires Britto, DJe 083, divulgado em 10.5.2010 e publicado em 11.5.2010. (Disponível em: <http://www.stf.jus.br/portal/jurisprudencia/visualizarEmenta.asp?s1=000091333&base=baseMonocraticas> Acesso em: 14.10.11).

(285) RE n. 545.841/RN, Rel. Min. Cármen Lúcia, DJe 231, divulgado em 09/12/2009 e publicado em 10.12.2009. (Disponível em: <http://www.stf.jus.br/portal/jurisprudencia/visualizarEmenta.asp?s1=000029469&base=baseMonocraticas> Acesso em: 14.10.11).

(286) AI 590779/SC, Rel. Min. Joaquim Barbosa, DJe 174, divulgado em 17/09/2010 e publicado em 20/09/2010. (Disponível em: <http://www.stf.jus.br/portal/jurisprudencia/visualizarEmenta.asp?s1=000108026&base=baseMonocraticas> Acesso em: 29.10.11).

(287) Fato idêntico ocorreu no julgamento do RE n. 367.432 AgR/PR. Trata-se de ação promovida pelo Ministério Público do Paraná visando a que o Estado promovesse a contratação de funcionários para a Secretaria de Segurança Pública, construísse prisões e delegacias de polícia, além de adquirir veículos, armas e munição para permitir a efetivação dos serviços de segurança pública. (RE n. 367432 AgR/PR, Segunda Turma, Rel. Min. Eros Grau, DJe 086, divulgado em 13.5.2010 e publicado em 14.5.2010. Disponível em: <http://redir.stf.jus.br/paginadorpub/paginador.jsp?docTP=AC&docID=611062> Acesso em: 15.10.11).

(288) Agravo Regimental no Recurso Extraordinário (Disponível em: <http://redir.stf.jus.br/paginadorpub/paginador.jsp?docTP=AC&docID=624471> Acesso em: 15.10.11).

Julgamento: 7.6.2011

Publicação: DJe 120 (divulgado em 22.6.2011 e publicado em 24.6.2011)

Agravante: Estado do Paraná

Agravado: Ministério Público do Paraná

DIREITO CONSTITUCIONAL. SEGURANÇA PÚBLICA. AGRAVO REGIMENTAL EM RECURSO EXTRAORDINÁRIO. IMPLEMENTAÇÃO DE POLÍTICAS PÚBLICAS. AÇÃO CIVIL PÚBLICA. PROSSEGUIMENTO DE JULGAMENTO. AUSÊNCIA DE INGERÊNCIA NO PODER DISCRICIONÁRIO DO PODER EXECUTIVO. ARTS. 2º, 6º E 144 DA CONSTITUIÇÃO FEDERAL. 1. O direito à segurança é prerrogativa constitucional indisponível, garantido mediante a implementação de políticas públicas, impondo ao Estado a obrigação de criar condições objetivas que possibilitem o efetivo acesso a tal serviço. 2. É possível ao Poder Judiciário determinar a implementação pelo Estado, quando inadimplente, de políticas públicas constitucionalmente previstas, sem que haja ingerência em questão que envolve o poder discricionário do Poder Executivo. Precedentes.

IV.8) Direito à previdência social(289)

São muitos os acórdãos, em sede de mandado de injunção, acerca do cômputo diferenciado do tempo de serviço para fins de aposentadoria especial como resultado de execução de tarefas laborais em atividades insalubres ou perigosas. A este respeito, no caso paradigma a seguir transcrito, trata-se de *writ* impetrado por trabalhador que exercia suas funções no arsenal da armada como metalúrgico da construção naval, exposto habitualmente a agentes químicos, físicos e ruídos prejudiciais à sua saúde. Ao final, neste caso concreto, o Tribunal estabeleceu, suprindo a lacuna normativa, os parâmetros do exercício do referido direito assegurado constitucionalmente até que lei complementar fosse editada(290).

MI n. 1.083/DF(291)

Órgão Julgador: Tribunal Pleno

---

(289) Art. 25.1 da Declaração dos Direitos do Homem.

(290) No mesmo sentido da concessão mandamental, pode-se citar o MI n. 721/DF, Tribunal Pleno, Min. Rel. Marco Aurélio, DJe 152. (divulgado em 29.11.2007 e publicado em 30.11.2007), quando o Tribunal Constitucional impôs a adoção da disciplina própria aos trabalhadores em geral para basear a aposentadoria especial da impetrante. (Disponível em: <http://redir.stf.jus.br/paginadorpub/paginador.jsp?docTP=AC&docID=497390> Acesso em: 16.10.11).

(291) Mandado de Injunção (Disponível em: <http://redir.stf.jus.br/paginadorpub/paginador.jsp?docTP=AC&docID=613863> Acesso em: 16.10.11).

Relator: Ministro Marco Aurélio

Julgamento: 2.8.2010

Publicação: DJe 164 (divulgado em 2.9.2010 e publicado em 3.9.2010)

Impetrante: Manoel Baía Campos

Impetrado: Presidente da República

MANDADO DE INJUNÇÃO — NATUREZA. Conforme disposto no inciso LXXI do art. 5º da Constituição Federal, conceder-se-á mandado de injunção quando necessário ao exercício dos direitos e liberdades constitucionais e das prerrogativas inerentes à nacionalidade, à soberania e à cidadania. Há ação mandamental, e não simplesmente declaratória de omissão. A carga de declaração não é objeto da impetração, mas premissa da ordem a ser formalizada.

MANDADO DE INJUNÇÃO — DECISÃO — BALIZAS. Tratando-se de processo subjetivo, a decisão possui eficácia considerada a relação jurídica nele revelada.

APOSENTADORIA — TRABALHO EM CONDIÇÕES ESPECIAIS — PREJUÍZO À SAÚDE DO SERVIDOR — INEXISTÊNCIA DE LEI COMPLEMENTAR — ART. 40, § 4º, DA CONSTITUIÇÃO FEDERAL. Inexistente a disciplina específica da aposentadoria especial do servidor, impõe-se a adoção, via pronunciamento judicial, daquela própria aos trabalhadores em geral — art. 57, § 1º, da Lei n. 8.213/91.

APOSENTADORIA ESPECIAL — SERVIDOR PÚBLICO — TRABALHO EM AMBIENTE INSALUBRE — PARÂMETROS. Os parâmetros alusivos à aposentadoria especial, enquanto não editada a lei exigida pelo texto constitucional, são aqueles contidos na Lei n. 8.213/91, não cabendo mesclar sistemas para, com isso, cogitar-se de idade mínima.

Interessante também o debate que se suscitou, no referido acórdão, quanto ao ativismo judicial e sua origem, baseada na frustração da sociedade com a postura conservadora outrora adotada pelo Tribunal:

É tempo de se refletir sobre a timidez inicial do Supremo quanto ao alcance do mandado de injunção, ao excesso de zelo, tendo em vista a separação e harmonia entre os Poderes. É tempo de se perceber a frustração gerada pela postura inicial, transformando o mandado de injunção em ação simplesmente declaratória de ato omissivo, resultando em algo que não interessava, em si, no tocante à prestação jurisdicional, tal como consta no inciso LXXI do art. 5º da Constituição Federal, ao cidadão. (...) Busca-se o Judiciário na crença de lograr a supremacia da Lei Fundamental, a prestação jurisdicional que afaste as nefastas consequências da inércia do legislador. Conclamo, por isso, o Supremo, na composição atual, a rever a óptica inicialmente formalizada, entendendo que, mesmo assim, ficará aquém da atuação dos tribunais do trabalho no que, nos dissídios coletivos, a eles a Carta reserva, até mesmo, a atuação legiferante, desde que, consoante prevê o § 2º do art. 114 da Constituição Federal, sejam respeitadas as disposições mínimas legais de proteção ao trabalho.

IV.9) Direitos à proteção à maternidade e à infância[292]

No famoso julgamento acerca da constitucionalidade da denominada Lei de Biossegurança, o Supremo Tribunal Federal valeu-se de diversos fundamentos de contornos constitucionais, infralegais e práticos para, ao final, após muitos debates, inclusive com participação de instituições especializadas no assunto, julgar válida e constitucional referida norma. No aludido acórdão foi reconhecido expressamente que o direito à vida digna passa, necessariamente, pelos direitos fundamentais à saúde, à autonomia da vontade, ao planejamento familiar e à maternidade, pois no âmbito do ordenamento constitucional brasileiro, que desde seu Preâmbulo qualifica a liberdade, a segurança, o bem-estar, o desenvolvimento, a igualdade e a justiça como valores supremos de uma sociedade, incorporou-se um constitucionalismo solidário, compassivo e fraternal às relações humanas, significando verdadeira comunhão da vida social em clima de solidariedade.

ADI n. 3.510/DF[293]

Órgão Julgador: Tribunal Pleno

Relator: Ministro Ayres Britto

Julgamento: 29.5.2008

Publicação: DJe 96 (divulgado em 27.5.2010 e publicado em 28.5.2010)

Requerente: Procurador-Geral da República

Requeridos: Presidente da República e Congresso Nacional

---

(292) O art. 25.2 da Declaração dos Direitos do Homem afirma: *A maternidade e a infância têm direito a cuidados e assistência especiais. Todas as crianças, nascidas de matrimônio ou fora de matrimônio, têm direito à igual proteção social.*

(293) Ação Direta de Inconstitucionalidade (Disponível em: <http://redir.stf.jus.br/paginadorpub/paginador.jsp?docTP=AC&docID=611723> Acesso em: 17.10.11).

CONSTITUCIONAL. AÇÃO DIRETA DE INCONSTITUCIONALIDADE. LEI DE BIOSSEGURANÇA. IMPUGNAÇÃO EM BLOCO DO ART. 5º DA LEI N. 11.105, DE 24 DE MARÇO DE 2005 (LEI DE BIOSSEGURANÇA). PESQUISAS COM CÉLULAS-TRONCO EMBRIONÁRIAS. INEXISTÊNCIA DE VIOLAÇÃO DO DIREITO À VIDA. CONSTITUCIONALIDADE DO USO DE CÉLULAS-TRONCO EMBRIONÁRIAS EM PESQUISAS CIENTÍFICAS PARA FINS TERAPÊUTICOS. DESCARACTERIZAÇÃO DO ABORTO. NORMAS CONSTITUCIONAIS CONFORMADORAS DO DIREITO FUNDAMENTAL A UMA VIDA DIGNA, QUE PASSA PELO DIREITO À SAÚDE E AO PLANEJAMENTO FAMILIAR.

(...) III — A PROTEÇÃO CONSTITUCIONAL DO DIREITO À VIDA E OS DIREITOS INFRACONSTITUCIONAIS DO EMBRIÃO PRÉ-IMPLANTO. O Magno Texto Federal não dispõe sobre o início da vida humana ou o preciso instante em que ela começa. Não faz de todo e qualquer estádio da vida humana um autonomizado bem jurídico, mas da vida que já é própria de uma concreta pessoa, porque nativiva (teoria "natalista", em contraposição às teorias "concepcionista" ou da "personalidade condicional"). E quando se reporta a "direito da pessoa humana" e até dos "direitos e garantias individuais" como cláusula pétrea está falando de direitos e garantias do indivíduo-pessoa, que se faz destinatário dos direitos fundamentais "à vida, à liberdade, à igualdade, à segurança e à propriedade", entre outros direitos e garantias igualmente distinguidos com o timbre da fundamentalidade (como direito à saúde e ao planejamento familiar).

(...) V — OS DIREITOS FUNDAMENTAIS À AUTONOMIA DA VONTADE, AO PLANEJAMENTO FAMILIAR E À MATERNIDADE. A decisão por uma descendência ou filiação exprime um tipo de autonomia de vontade individual que a própria Constituição rotula como "direito ao planejamento familiar", fundamentado este nos princípios igualmente constitucionais da "dignidade da pessoa humana" e da "paternidade responsável". (...) De uma parte, para aquinhoar o casal com o direito público subjetivo à "liberdade" (preâmbulo da Constituição e seu art. 5º), aqui entendida como autonomia de vontade. De outra banda, para contemplar os porvindouros componentes da unidade familiar, se por eles optar o casal, com planejadas condições de bem-estar e assistência físico-afetiva (art. 226 da CF). Mais exatamente, planejamento familiar que, "fruto da livre decisão do casal", é "fundado nos princípios da dignidade da pessoa humana e da paternidade responsável" (§ 7º desse emblemático artigo constitucional de n. 226).

(...) VI — DIREITO À SAÚDE COMO COROLÁRIO DO DIREITO FUNDAMENTAL À VIDA DIGNA. O § 4º do art. 199 da Constituição, versante sobre pesquisas com substâncias humanas para fins terapêuticos, faz parte da seção normativa dedicada à "SAÚDE" (Seção II do Capítulo II do Título VIII). Direito à saúde, positivado como um dos primeiros dos direitos sociais de natureza fundamental (art. 6º da CF) e também como o primeiro dos direitos constitutivos da seguridade social (cabeça do artigo constitucional de 194). Saúde que é "direito de todos e dever do Estado" (caput do art. 196 da Constituição), garantida mediante ações e serviços de pronto qualificados como "de relevância pública" (parte inicial do art. 197).

Entretanto, no sentido contrário à afirmação criativa e inovadora do direito jurisprudencial, quando do julgamento do RE n. 197.807/RS[294], no ano 2000, o Supremo Tribunal Federal negou a extensão do direito à licença maternidade às mães adotivas, bem como a inexistência de referido direito social constitucionalmente protegido, sob o argumento de que, após uma interpretação meramente gramatical da regra inscrita na Constituição[295], o aludido direito estava vinculado à gestação biológica, sendo devido tão somente para o necessário resguardo da mãe após o parto, devendo o legislador ordinário conferir tratamento posterior à matéria. Desta maneira, foram menosprezadas, naquele momento: a) a importância dos mandamentos constitucionais que impõem direitos da cidadania social, como a proteção à maternidade, à infância, à família e a seu planejamento; b) a especial proteção que deve ser assegurada, na espécie, às crianças, facilitando sua completa integração no âmbito familiar e social. Felizmente, a propósito da proteção dos direitos sociais fundamentais das mães e filhos, independentemente da situação, ordenando a proteção, igualmente, à criança, à família e à mulher, foi editada, pelo Congresso Nacional, a Lei n. 10.421/2002, que concede às mães adotivas referido benefício, proporcional à idade da criança, visando, entre tantos outros aspectos socialmente relevantes, à adaptação do novo núcleo familiar, assim como ao aumento dos processos de adoção.

Relativamente à proteção da infância, na esfera da jurisprudência consolidada, o Supremo Tribunal Federal reconheceu o dever do Estado, de atendimento obrigatório, de implementar as medidas necessárias para proteger as crianças e os adolescentes de situações que os coloquem em risco, seja sob a forma de negligência, de discriminação, de exploração, de violência, de crueldade ou de opressão, situações que confiscam o mínimo existencial, sem o qual a dignidade do indivíduo é pura utopia. Além disso, a Carta de 1988 impõe também ao Estado, à família e à sociedade o dever de garantir, com prioridade, às crianças e aos adolescentes, os direitos relativos a suas necessidades vitais básicas[296], tais como a vida, a saúde, a alimentação, a educação, o ócio, a profissionalização, a cultura, a dignidade,

---

(294) RE n. 197.807/RS, Primeira Turma, Rel. Min. Octavio Gallotti, DJ 18.8.2000, p. 93 (Disponível em: <http://redir.stf.jus.br/paginadorpub/paginador.jsp?docTP=AC&docID=235764> Acesso em: 17.10.11).

(295) *Vide* art. 7º da CF/88.

(296) RE n. 495.740 TAR/DF (Tutela Antecipada), Segunda Turma, Rel. Min. Celso de Mello, DJe 52, divulgado em 13.8.2009 e publicado em 14.8.2009. (Disponível em: <http://redir.stf.jus.br/paginadorpub/paginador.jsp?docTP=AC&docID=600791> Acesso em: 17.10.11).

o respeito, a liberdade e a convivência familiar e comunitária[297]. Destaque para o fato de que, nesta decisão, está revelado, expressamente, o intento de atuação judicial baseada em um comportamento afirmativo e criativo por parte dos juízes e tribunais para efetivação da ordem socioconstitucional.

AI N. 583.553/SC[298]

Relator: Ministro Celso de Mello (decisão monocrática)

Julgamento: 6.5.2010

Publicação: DJe 92 (divulgado em 21.5.2010 e publicado em 24.5.2010)

Agravante: Ministério Público do Estado de Santa Catarina

Agravado: Município de Florianópolis

CRIANÇAS E ADOLESCENTES VÍTIMAS DE ABUSO E/OU EXPLORAÇÃO SEXUAL. DEVER DE PROTEÇÃO INTEGRAL À INFÂNCIA E À JUVENTUDE. OBRIGAÇÃO CONSTITUCIONAL QUE SE IMPÕE AO PODER PÚBLICO. PROGRAMA SENTINELA — PROJETO ACORDE. INEXECUÇÃO, PELO MUNICÍPIO DE FLORIANÓPOLIS/SC, DE REFERIDO PROGRAMA DE AÇÃO SOCIAL CUJO ADIMPLEMENTO TRADUZ EXIGÊNCIA DE ORDEM CONSTITUCIONAL. CONFIGURAÇÃO, NO CASO, DE TÍPICA HIPÓTESE DE OMISSÃO INCONSTITUCIONAL IMPUTÁVEL AO MUNICÍPIO. DESRESPEITO À CONSTITUIÇÃO PROVOCADO POR INÉRCIA ESTATAL (RTJ N. 183/ 818-819). COMPORTAMENTO QUE TRANSGRIDE A AUTORIDADE DA LEI FUNDAMENTAL (RTJ N. 185/794-796). IMPOSSIBILIDADE DE INVOCAÇÃO, PELO PODER PÚBLICO, DA CLÁUSULA DA RESERVA DO POSSÍVEL SEMPRE QUE PUDER RESULTAR, DE SUA APLICAÇÃO, COMPROMETIMENTO DO NÚCLEO BÁSICO QUE QUALIFICA O MÍNIMO EXISTENCIAL (RTJ N. 200/191-197). CARÁTER COGENTE E VINCULANTE DAS NORMAS CONSTITUCIONAIS, INCLUSIVE DAQUELAS DE CONTEÚDO PROGRAMÁTICO, QUE VEICULAM DIRETRIZES DE POLÍTICAS PÚBLICAS. PLENA LEGITIMIDADE JURÍDICA DO CONTROLE DAS OMISSÕES ESTATAIS PELO PODER JUDICIÁRIO. A COLMATAÇÃO DE OMISSÕES INCONSTITUCIONAIS COMO NECESSIDADE INSTITUCIONAL FUNDADA EM COMPORTAMENTO AFIRMATIVO DOS JUÍZES E TRIBUNAIS E DE QUE RESULTA UMA POSITIVA CRIAÇÃO JURISPRUDENCIAL DO DIREITO. PRECEDENTES DO SUPREMO TRIBUNAL FEDERAL EM TEMA DE IMPLEMENTAÇÃO DE POLÍTICAS

---

(297) HC n. 69.303/MG, Segunda Turma, Rel. Min. Neri da Silveira, DJ 20.11.1992, p. 21612 (Disponível em: <http://redir.stf.jus.br/paginadorpub/paginador.jsp?docTP=AC&docID=71623> Acesso em: 17.10.11).

(298) Agravo de Instrumento (Disponível em: <http://www.stf.jus.br/portal/jurisprudencia/visualizarEmenta.asp?s1=000094640&base=baseMonocraticas> Acesso em: 17.10.11).

PÚBLICAS DELINEADAS NA CONSTITUIÇÃO DA REPÚBLICA (RTJ N. 174/687 — RTJ 175/1212-1213 — RTJ 199/1219-1220). RECURSO DO MINISTÉRIO PÚBLICO ESTADUAL CONHECIDO E PROVIDO.

IV.10) Direito à assistência aos desamparados[(299)]

Quanto a este direito fundamental, da leitura da decisão alegada no AI n. 832.129/RJ extrai-se que a Corte Maior reconhece que a Constituição confere assistência às pessoas desamparadas, ponderando negativamente, no entanto, que a questão não pode ser tratada pontualmente, sob pena de impossibilitar as políticas públicas existentes pois, de conformidade com o decidido pelo tribunal *a quo*, não se poderia implicar aos poderes estatais a função de garantidor universal de todos os direitos de essencialidade social, mesmo após reconhecer expressamente o estado de fome que passava a parte litigante e sua família. Esta inaceitável postura adotada na aludida decisão vai em direção totalmente inversa às decisões em que o Tribunal Constitucional confirma, por exemplo, a pessoas necessitadas e marginalizadas, o direito subjetivo de receber medicamentos ou tratamentos médicos providos pelo poder público.

AI n. 832.129/RJ[(300)]

Relator: Ministro Gilmar Mendes (decisão monocrática)

Julgamento: 31.5.2011

Publicação: DJe 111 (divulgado em 9.6.2011 e publicado em 10.6.2011)

Agravante: Wilma Flausina Serafim

Agravados: Daniel Serafim, Município do Rio de Janeiro e Estado do Rio de Janeiro

Trata-se de agravo de instrumento contra decisão de inadmissibilidade de recurso extraordinário que impugna acórdão assim ementado (fl. 190):

"APELAÇÃO CÍVEL. AÇÃO DE OBRIGAÇÃO DE FAZER. FORNECIMENTO DE CESTA BÁSICA. SENTENÇA DE IMPROCEDÊNCIA. Apesar da situação de fome vivida pelos apelantes, não se pode impor ao Estado, *lato sensu*, que se torne um garantidor

---

(299) Art. 25.1 da Declaração dos Direitos do Homem.

(300) Agravo de Instrumento (Disponível em: <http://www.stf.jus.br/portal/jurisprudencia/visualizarEmenta.asp?s1=000151294&base=baseMonocraticas> Acesso em: 18.10.11).

universal de todos os direitos sociais previstos na Constituição da República. Porque a imposição de uma atuação pontual e particular, neste sentido, poderia inviabilizar com o objetivo de atender a um número significativo de brasileiros que, infelizmente, vivem na situação de miséria absoluta. Assim, apesar de inaceitável aos olhos dos cidadãos, permitir que uma família sobreviva nestas condições, não cabe ao Poder Judiciário sobrepor-se aos programas existentes em funcionamento mantidos pelo Poder Executivo. O que acarretaria em uma subversão da ordem constitucional."

(...) No apelo extremo alega-se, em síntese, que o acórdão impugnado viola o princípio da dignidade da pessoa humana (art. 1º da CF); compromete a construção de uma sociedade livre, justa e solidária, a erradicação da pobreza e da marginalização, bem como das desigualdades regionais e sociais (art. 3º, incisos I e III, da CF); e malfere o direito social à assistência aos desamparados (art. 6º da CF).

Outro caso referente ao tema, agora de importância positiva, é a Reclamação n. 2.319, datada de 2003, em que o Supremo Tribunal Federal negou a suspensão pretendida por órgão da Administração Pública de decisão do tribunal *a quo* que concedeu assistência estatal à pessoa com incapacidade sensorial, de condição miserável, que tinha elevados custos com medicamentos e alimentação especiais, ambos recomendados por um médico habilitado. Neste julgamento, afirmou-se corretamente que, ponderando entre os bens e valores em conflito, a não assistência pública levaria à privação de parcela essencial à própria subsistência do indivíduo tutelado judicialmente, não havendo que se falar de prejuízo ao erário com a manutenção da referida decisão.

Rcl n. 2.319 MC/RS(301)

Relator: Ministro Celso de Mello (decisão monocrática)

Julgamento: 27.5.2003

Publicação: DJ 3.6.2003, p. 1

Reclamante: Instituto Nacional do Seguro Social — INSS

Reclamado: Juizado Especial Federal Cível de Passo Fundo

A sentença que constitui objeto da presente reclamação reveste-se de singularidade que cumpre considerar no exame do pedido de medida cautelar formulado pela entidade autárquica reclamante.

---

(301) Medida Cautelar na Reclamação (Disponível em: <http://www.stf.jus.br/portal/jurisprudencia/visualizarEmenta.asp?s1=000033966&base=basePresidencia> Acesso em: 18.10.11).

A parte interessada, que se beneficiou do ato sentencial em questão, é pessoa que comprovadamente ostenta condição de miserabilidade e que se qualifica como portadora de deficiência, integrante de grupo familiar "que tem gastos excessivos com medicação (que, muitas vezes, não consegue ser adquirida) e, também, com alimentação, pois o autor (...), por recomendação médica, deve usar alimentos especiais, bastantes caros (que, muitas vezes, a família não consegue comprar), além das despesas usuais (...).

Ademais, a única renda fixa é a da aposentadoria (...), razão pela qual o benefício foi deferido, inclusive liminarmente (pela urgente necessidade do autor e de sua família, para a própria sobrevivência)", consoante relatam as informações prestadas pelo órgão judiciário ora reclamado (fls. 187/188).

Eventual suspensão cautelar da outorga definitiva do benefício em questão, tal como ora postulada pelo INSS, poderia comprometer a efetividade do processo, frustrando, injustamente, o exercício, por pessoa miserável e portadora de necessidades especiais, do direito por ela vindicado e cuja relevância jurídico-social resulta da própria sentença proferida pelo Juizado Especial Federal Cível de Passo Fundo/RS.

A ponderação dos valores em conflito — o interesse manifestado pela ora reclamante, de um lado, e a necessidade social de preservar a integridade do caráter alimentar que tipifica as quantias pagas, de outro — leva-me a vislumbrar ocorrente, na espécie, uma clara situação de grave risco a que estaria exposta a pessoa beneficiada pela decisão de que ora se reclama.

(...) Demais disso, cabe enfatizar que a decisão em causa, além de haver protegido a parte mais frágil no contexto das relações estruturalmente sempre tão desiguais que existem entre o Poder Público e os cidadãos, não afeta a ordem e a economia públicas, nem gera qualquer situação de risco ou de lesão ao erário público.

Não posso ignorar que figura, entre os direitos sociais (liberdades públicas de segunda geração), a incumbência estatal — que traduz verdadeira prestação positiva — de tornar efetiva a "assistência aos desamparados", assim viabilizando, em sua máxima extensão e eficácia, a concreta (e real) aplicação dos postulados constitucionais da solidariedade social e da essencial dignidade da pessoa humana, em ordem a amparar aqueles que nada (ou muito pouco) possuem.

Essa é uma realidade a que não pode permanecer indiferente a esta Suprema Corte, notadamente porque é do Supremo Tribunal Federal o gravíssimo encargo de impedir — como pude salientar em anteriores decisões — que os compromissos constitucionais se transformem em promessas vãs, frustrando, sem razão, as justas expectativas que o texto da Constituição fez nascer no espírito dos cidadãos.

Capítulo V

Conclusões Acerca da Concretização dos Direitos Sociais Fundamentais no Brasil

O Estado Social de Bem-estar como instrumento de inclusão social. Do tropeço inicial aos constantes avanços da Jurisdição Constitucional Brasileira. O exemplo do Supremo Tribunal Federal

A inclusão pressupõe justiça quanto às possibilidades iguais de acesso. Como garantir esta justiça? A resposta é a reinvenção do Estado Social[302].

V.1) A implementação dos direitos sociais fundamentais no Brasil. A constatação da reiterada omissão dos Poderes Executivo e Legislativo sobre a matéria. Necessidade comprovada de um responsável ativismo judicial. A evolução da jurisprudência constitucional

Tendo em conta que, cada vez mais, está ocorrendo no Brasil o fenômeno da judicialização de conflitos sociais, em uma busca incessante

(302) CANOTILHO, 2008, p. 245-255.

da sociedade pelo Poder Judiciário com o fim de possibilitar a implantação de uma expressiva gama dos direitos sociais fundamentais enumerados no art. 6º da Carta Magna, hipótese esta confirmada com a verificação da existência de diversos processos judiciais no âmbito do Supremo Tribunal Federal acerca do tema, o ponto central deste estudo foi verificar e revelar o grau e amplitude do compromisso da jurisdição constitucional brasileira quando é buscada para pronunciar-se acerca dos citados direitos.

Além de constatar as possibilidades judiciais — sem desprezar as extrajudiciais — existentes para a concretização destes direitos por meio da atuação do Poder Judiciário, foram avaliados e comparados os fundamentos das decisões do Tribunal Constitucional Brasileiro em relação às bases teóricas apresentadas neste estudo sobre os direitos fundamentais, com especial referência aos direitos sociais e ao provimento das necessidades humanas básicas. É importante destacar que a jurisprudência do Supremo Tribunal Federal acerca do tema apresenta-se como um importante papel orientador para os demais juízes e tribunais no Brasil, assim como para os órgãos do poder estatal, vez que o guardião da Constituição é o principal e maior responsável pela interpretação e defesa de seu texto.

Apesar de, na maioria dos casos analisados, ter-se constatado a adoção de uma tendência ampliativa e finalista de implementação dos direitos sociais fundamentais por parte do Supremo Tribunal Federal, em nítida postura sociojurídica-política ativa, buscando conferir à Carta Cidadã o caráter de norma a ser aplicada em sua máxima potência, tem-se visto que, em alguns casos — ainda sendo a minoria frente à postura mencionada —, o Tribunal adotou uma postura mais restritiva e conservadora com relação a referidos direitos, centrada na simples análise fria da lei.

Primeiramente, como não poderia deixar de ser, esta última análise começa fazendo referência ao acórdão prolatado no RE n. 197.807/RS (negativa de extensão da licença maternidade às mães adotivas) quando, em decisão colegiada, publicada em 18.8.2000, o Supremo Tribunal Federal, adotando uma postura conservadora e abstencionista, típica de um modelo liberal-individualista-normativista, demonstrou total ausência de compromisso com os princípios básicos do Estado Democrático de Direito. Ao restringir e negar a existência do aludido direito social sob a frágil argumentação de que, mediante uma simples interpretação gramatical do conteúdo da regra constitucional, o direito à licença maternidade era devido tão somente às mães biológicas, considerando a necessidade de recuperação durante o pós-parto, o Tribunal atuou contrariamente à própria Constituição Social. De toda sorte, é interessante confrontar que, naquele julgamento, não houve qualquer manifestação acerca da constitucionalidade mesma do preceito legal avaliado. Assim, pelo menos, o Tribunal não atuou como legislador negativo, caso em que, aí sim, representaria completa involução da jurisprudência constitucional. Felizmente, o tema foi regulamentado posteriormente pelo Congresso Nacional.

Também em decisão antiga, datada de 1999, o Supremo Tribunal Federal titubeou ao consignar, no julgamento do RE n. 241.757 AgR/MA, que as disposições constitucionais não permitiam a afirmação de qualquer efeito concreto no sentido de obrigar aos poderes estatais a garantirem vagas na rede pública de ensino para alunos portadores de deficiência, registrando-se o voto minoritário do Ministro Marco Aurélio, para quem, já naquele tempo, o preceito constitucional era dotado de eficácia imediata. Mais recentemente, em 2008, a Corte Suprema debilitou-se novamente ao permitir, ante o julgamento do RE n. 551.453/MG, o pagamento, de valor menor que o valor do salário mínimo, de soldo aos militares em prestação de serviço obrigatório.

Pior ocorreu no julgamento do AI n. 832.129/RJ, em 2011, quando o Tribunal Constitucional, mantendo os frágeis fundamentos do órgão julgador *a quo* para justificar o não fornecimento, pelo Poder Público, de cesta básica (alimentação mínima) à uma família com carências comprovadas, aceitou a tese inapropriada de que não se poderia implicar ao Estado a obrigação de garantir universalmente todos os direitos sociais fundamentais, em decisão que, se nada acrescentou, tampouco merece qualquer elogio, pois fez tábula rasa da Constituição.

Também pela observância das decisões do Tribunal Constitucional não foi possível constatar neste estudo uma descrição do grau de essencialidade de cada um dos direitos sociais fundamentais dispostos no art. 6º do Texto Magno, uma vez que se comprovou uma tendência do Tribunal a interpretar a Constituição baseada na análise dos casos concretos. Além disso, a adoção do entendimento de que deve preservar um "mínimo existencial" tampouco é precisa ou completa, principalmente devido ao fato de que este conceito foi utilizado para referir-se única e restritivamente, de acordo com o apurado na jurisprudência analisada, aos direitos à educação, à saúde, à proteção à infância, assim como à assistência aos desamparados, como se os demais direitos sociais não gozassem da mesma dignidade fundamental. Como foi visto anteriormente, esta relação de direitos é incipiente e o fundamento sobre o mínimo existencial deve ser superado pela concepção das *necessidades humanas básicas*, devido ao fato de envolverem aspectos essenciais (e não somente ínfimos, trágicos e dramáticos) e mais amplos da dignidade humana para lograr o desenvolvimento eficaz dos objetivos constitucionais do Estado Social de Direito. Assim, o que excede ao mínimo existencial e se adequa ao princípio das *necessidades humanas básicas*, quando se trata de direitos sociais, também pode e deve ser garantido pelo Poder Judiciário.

A este respeito, a ideia do mínimo existencial adotada reiteradamente pelo Supremo Tribunal Federal nos casos de controle difuso de constitucionalidade pode levar à falsa hipótese de que somente as pessoas carentes, que vivem na pobreza absoluta, são suscetíveis de proteção dos direitos sociais. É certo que a satisfação de ditos direitos dirige-se, com especial e indispensável atenção, para possibilitar preferencialmente (mas não exclusivamente) melhores condições de vida aos mais vulneráveis, considerando-se o princípio da democracia solidária e a consciência social da sociedade que fundamentam o Estado Democrático de Direito Brasileiro. Entretanto, na grande maioria dos casos analisados, não se fez nenhuma referência explícita a um estado de marginalização social das partes como requisito necessário para possibilitar a procedência da pretensão deduzida em juízo[303], sendo esta outra razão pela qual a adoção do conceito de mínimo existencial para basear as decisões do Tribunal Constitucional não é a mais adequada.

De igual maneira, também não foi possível identificar o grau mínimo de inatividade do poder estatal exigido em relação a cada um destes direitos para que seja entendida como legítima uma atuação intervencionista por parte do Judiciário. A este respeito, o grau máximo desta inatividade, obviamente, consiste na inação absoluta dos poderes públicos. Ademais, ainda que a posição predominante dos Ministros seja no sentido de que, em casos de omissão ou negligência injustificada e inconstitucional dos demais poderes, cabe ao Poder Judiciário intervir para promover a realização dos direitos sociais, fazendo-se importante registrar que, em certos julgamentos, determinados Ministros, vacilando frente a suas responsabilidades constitucionais, curvaram-se a uma concepção que confere aos juízes a função única de legislador negativo, optando por não interferir na vontade positiva do legislador ou administrador violador da Carta Magna, não levando em consideração que as normas de direito fundamental são de aplicabilidade imediata e irrenunciáveis, que guardam em si os próprios fundamentos do Estado Brasileiro e trazem embutida a força valorativa conferida aos princípios constitucionais.

---

(303) Basta citar as decisões analisadas relativas aos direitos à educação (ARE n. 639.337 AgR/SP), ao trabalho (MI n. 708/DF, MI n. 943/DF, MI n. 1.010/DF, MI n. 1.074/DF e MI n. 1.090/DF), à moradia (RE n. 608.558 AgR/RJ e RE n. 407.688/SP), ao ócio (RE n. 631.733/RS, AI n. 796.584/RJ e RE n. 545.841/RN), à segurança (RE n. 559.646 AgR/PR), à previdência social (MI 1083/DF) e à maternidade (RE n. 197.807/RS).

Outro fato que pesa contra o Supremo Tribunal Federal é a extrema morosidade para julgar os diversos casos que lhe são submetidos o que, talvez, possa ser revelador de uma tendência mais conservadora que de vanguarda. Isto se torna claro quando se observa quantitativamente os casos que não tiveram o mérito da causa julgado pelo advento do tempo e da consolidação de situações fáticas como, por exemplo, o ocorrido no caso da ADI n. 1.698/DF (inconstitucionalidade por omissão do Governo Federal por não implementar políticas públicas para erradicar o analfabetismo e possibilitar o acesso ao ensino fundamental obrigatório e gratuito). Ao se verificar que transcorreram mais de doze anos entre o ajuizamento (29.10.1997) e o julgamento final (16.4.2010) da referida ação de inconstitucionalidade por omissão, constata-se que o Tribunal deixou de dar importante contribuição ao país, como se esperasse que a situação se convalidasse e se resolvesse por si só.

É sabido que o Supremo Tribunal Federal pode analisar a constitucionalidade de leis e atos administrativos por meio dos métodos de controle difuso (análise de casos concretos, com efeitos *inter partes*) ou concentrado (verificação abstrata, com efeitos vinculantes e *erga omnes*). Inicialmente, considerando o método difuso de jurisdição constitucional, no que a pretensão imediata é a resolução de casos concretos em que alguém (ou uma coletividade) está privado de condições essenciais de manutenção de suas *necessidades humanas básicas*, o Supremo Tribunal Federal tem demonstrado uma postura mais intervencionista, ainda que algumas vezes reconhecendo o carácter excepcional da dimensão político-jurídica de sua função de efetivação de programas públicos sociais, ao determinar aos demais poderes estatais que proporcionem ao demandante a satisfação de suas necessidades mais urgentes.

Por outro lado, de forma contrária, a atuação do Supremo Tribunal Federal por meio do controle concentrado de constitucionalidade, quando é necessária a defesa dos direitos sociais fundamentais, contrasta vertiginosamente com sua atuação no controle difuso, mostrando-se plenamente autorrestritiva[(304)] nas tentativas de implantar os referidos direitos quando a parte violadora dos mesmos é o poder público estatal. Somente é possível detectar algumas poucas posições minoritárias e isoladas (e acertadas, a propósito) com tendência contrária à autorestrição, como no caso da paradigmática decisão ditada na ADPF n. 4/DF, a qual tem sido reiteradamente citada em diversos acórdãos posteriores do Tribunal Superior.

---

(304) Como se denota nos julgamentos dos seguintes casos: ADI n. 1.698/DF; ADI n. 1.458 MC/DF; e ADI n. 1.439-1.

Outra observação que se depreende da análise dos julgamentos estudados é que, no caso de inconstitucionalidade por omissão, o Supremo Tribunal Federal entende que o próprio Texto Constitucional lhe impede de expedir, em verdadeira função de legislador positivo, provimentos normativos ou administrativos com a finalidade de suprir a inatividade dos demais poderes[305], fazendo-lhe tão somente recomendações com a finalidade de cientificar o órgão descumpridor. Claro que não se descarta a importância mitigada desta medida, pois, ao menos, o poder estatal é advertido de sua mora na consecução de suas obrigações constitucionais. Mas, com efeito, esta postura tem-se revelado de pouca ou nenhuma efetividade prática. Entretanto, e contrariamente à atual postura adotada pelo Supremo Tribunal Federal, há que registrar-se, pela importância da argumentação, que o aludido dispositivo constitucional não traz disfarçada nenhuma proibição à Corte Máxima de expedir, ela mesma, a norma ou ato necessário à implementação do direito violado até o momento em que o poder competente o faça.

Paralelamente a este debate sobre as possibilidades processuais de efetivação dos direitos fundamentais, o Supremo Tribunal Federal, demostrando preocupação em conferir aplicabilidade a suas decisões e evoluindo em seu posicionamento anterior, quando da apreciação dos mandados de injunção (anteriormente o Tribunal simplesmente cientificava os poderes públicos de sua omissão, esvaziando completamente o significado de sua atuação e, ainda, deste mandamento constitucional), adotou uma postura mais atual e ativa, semelhante à do legislador positivo, ao suprir, nos casos concretos, as omissões legislativas que porventura impeçam o desfrute dos direitos da cidadania social. Além de conferir sentido prático e exigibilidade a suas decisões, esta postura alcança também a virtude de chamar a atenção do Legislativo acerca da necessidade de que adote uma postura também diligente e atuante para efetivar os preceitos constitucionais.

Destaque, também, para o expressivo julgamento da ADPF n. 45/MC/DF, quando o Ministro Relator expressamente qualificou a arguição de descumprimento de preceito constitucional como instrumento processual idôneo e apto para possibilitar a concretização de políticas públicas quando estejam previstas na Carta Política e descumpridas por seus destinatários. Além disso, demostrando uma sensível melhora nos fundamentos de seus julgados ao longo de sua história, foram várias outras as importantes contribuições que esta jurisprudência conferiu ao defender um ativismo judicial responsável e a dimensão político-constitucional da jurisdição, mitigando

(305) *Vide* art. 103, § 2º da CF/88.

o dogma da separação de poderes e assumindo o Supremo Tribunal Federal o papel de afirmador e aplicador dos direitos sociais fundamentais. O julgamento em comento também apresentou uma importante posição do Tribunal quanto à invocação da cláusula de reserva do possível pelos poderes estatais, afastando-a como justificadora do descumprimento não motivado de suas obrigações constitucionais, uma vez que os poderes públicos são possuidores tão somente de uma liberdade relativa e limitada para efetivar os direitos socioeconômicos.

Por fim, acerca do tema dos instrumentos processuais para a efetivação dos direitos sociais fundamentais, o Supremo Tribunal Federal confirmou categoricamente a extrema importância, para a defesa dos direitos difusos e coletivos, da ação civil pública. Este seria o principal veículo de coletivização do processo, no qual as tradicionais demandas individuais passam a concentrar-se em ações coletivas nas quais as instituições legitimadas, em especial o Ministério Público, esgrimem, em nome de uma coletividade, o direito fundamental genericamente lesionado, cortando pela raiz o problema. A este respeito, o futuro aponta para o crescimento desta modalidade processual cominatória, na medida em que o Poder Judiciário não tem condições de dar respostas velozes e satisfatórias à uma infinidade de ações de caráter individual e repetitivo. Não é outro o entendimento manifestado pelo Tribunal Constitucional: *A Lei Complementar n. 75/93 conferiu ao Ministério Público do Trabalho legitimidade ativa, no campo da defesa dos interesses difusos e coletivos, no âmbito trabalhista. Independentemente de a própria lei fixar o conceito de interesse coletivo, é conceito de Direito Constitucional, na medida em que a Carta Política dele faz uso para especificar as espécies de interesses que compete ao Ministério Público defender (CF, art. 129, III)*[306].

Após fazer algumas críticas construtivas à atuação do Supremo Tribunal Federal, é necessário destacar que, nas últimas duas décadas, em diversas oportunidades, o aludido Órgão adotou uma postura mais vanguardista, ampla e sintonizada com as expectativas da sociedade que são repercutidas nas suas decisões, principalmente ao realizar o controle difuso e concreto da constitucionalidade das leis e atos estatais. Adotando sistematicamente a técnica de ponderação em favor de um valor jurídico ou outro, a Justiça Constitucional tem buscado a extração máxima da afirmação e concretização dos direitos sociais fundamentais, em consonância com a concepção do Estado de Bem-estar. Não somente se reconhece pacificamente a dignidade fundamental dos aludidos direitos, como se adota, muitas

(306) RE n. 213.015/DF, Segunda Turma, Rel. Min. Néri da Silveira, DJ 24.5.2002, p. 69 (Disponível em <http://redir.stf.jus.br/paginadorpub/paginador.jsp?docTP=AC&docID=244502> Acesso em: 24.10.11).

vezes, uma postura de importante ativismo judicial que preconiza a efetivação estatal de ditos direitos. Assim, em diversas oportunidades, o Supremo Tribunal Federal tem se permitido atuar de maneira intervencionista, superando a tradicional visão de separação de poderes pela atual concepção de divisão de poderes, harmônicos e interdependentes, conferindo efetividade aos preceitos constitucionais. Esta nova postura entende a divisão de poderes como meio de organização estatal cuja experiência pressupõe a promoção e garantia dos direitos fundamentais, sem afastar o papel do juiz na construção da consciência jurídica da sociedade.

O reconhecimento, pela jurisdição constitucional, da validade jurídica, da essencialidade e da judicialidade de todos os preceitos fundamentais presentes na Lei da República, em especial os direitos subjetivos sociais, representa, sobretudo, uma postura respeitosa e solidária à própria essência humana que, por si só, determina toda e qualquer censura às graves omissões inconstitucionais dos poderes estatais. O Supremo Tribunal Federal tem se comportado bem frente às tensões surgidas com os Poderes Legislativo e Executivo ao não esquivar-se do cumprimento de sua verdadeira vocação constitucional. Nos mais de cento e vinte anos de sua existência, a Corte Constitucional está muito perto de alcançar a altura de seu dever, contribuindo para a formação da consciência constitucional nacional e para a formulação do patrimônio social do país. No entanto, este crescimento deve ser constante e sem fim.

Os obstáculos que se impõem à realização dos direitos sociais fundamentais originam-se nos demais poderes estatais, visto que o Poder Judiciário, via de regra, afastou uma postura de autorestrição de sua atuação político-jurídica quando da solução de casos difíceis e de soluções trágicas ou dramáticas, como as envolvidas quando está em jogo a satisfação das *necessidades humanas básicas*. Além disso, a Justiça Constitucional compreendeu que o ativismo judicial responsável para a afirmação dos direitos sociais está legitimado na própria essencialidade desses direitos, devendo rechaçar quaisquer omissões intoleráveis e abusivas do Governo ou do Legislativo, bem como os comportamentos desviados de suas finalidades constitucionais. Aqui se apresentam alguns argumentos favoráveis à proposta de um ativismo judicial democraticamente responsável:

1) considerando-se que o Poder Judiciário não pode suprimir ou substituir a esfera de conformação das eleições políticas inerentes ao legislador ou ao administrador no Estado Democrático de Direito, tampouco esta não supressão do espaço próprio dos poderes públicos pode ser traduzida em termos de inoperância e ineficácia total dos direitos sociais. Como se tem dito, a função específica do Poder Judiciário, cujo poder estatal lhe é conferido, é a de assegurar a exigibilidade dos direitos em

clima de interdependência, e não de independência de poderes. Somente quando o sistema de freios e contrapesos funciona adequadamente é que se pode fazer menção à separação de poderes;

2) não se admite, em nenhuma hipótese, omissão abusiva dos poderes públicos[307], razão pela qual caberá sempre, pelo menos, o controle da inatividade administrativa ou legislativa nos casos em que a omissão indevida seja reconhecida;

3) existindo um direito processual e diversas tutelas constitucionalmente adequadas a tornar judicializáveis cada um dos efeitos que podem transcorrer das normas de direitos sociais fundamentais, em cada caso concreto, as chances de um ativismo desmedido e irracional decrescem sobremaneira, uma vez que os próprios juízes também sofrem fiscalização de suas atividades pela sociedade;

4) além de todo o exposto, deve-se reconhecer posições exigíveis para garantir as *necessidades humanas básicas*, a fim de manter o espaço próprio de dignidade dos cidadãos, como também salvaguardar o Estado do Bem-estar, cujo fundamento justamente é a existência de um Tribunal Constitucional que fiscalize a vinculação das normas da Carta Máxima.

Em resumo, baseado na evolução histórico-cronológica de seus julgados, foram identificadas algumas prestigiosas modificações na postura do Supremo Tribunal Federal em sua tarefa de afirmar, garantir e implementar a conquista dos direitos sociais fundamentais:

1) consciente de que em toda interpretação sempre há um certo grau de apreciação discricional e, portanto, de criatividade, e de que é indispensável repensar todo ato interpretativo da Constituição como um ato de concretização e aplicação das normas jurídicas que a compõem, o Tribunal finalmente se conscientizou de que possui um poder normativo superior ao que detinha no passado recente, compreendendo que o sentido da vida é tornar os direitos sociais palpáveis para todos da sociedade;

2) o enfoque processual tradicionalmente empregado pelo Supremo Tribunal Federal no passado, baseado em critérios de racionalidade formal, tem-se fundido com enfoques sustentados em critérios de racionalidade material, adotando-se a convicção de que a busca da justiça e da equidade sempre implica uma margem de eleição mais ampla e flexível que a baseada unicamente nas prescrições cruas dos códigos e das leis. De fato, é imprescindível uma nova postura e compreensão do estamento judicial brasileiro com o novo colorido constitucional inserido na Lei Máxima de 1988, devendo-se preocupar mais com as finalidades que com as formalidades processuais;

---

(307) ALEXY, 2006, p. 422.

3) a abstração normativa, tão valorada pelos métodos exegéticos que dominaram o cenário jurídico brasileiro até o final do século passado, começa a dar espaço à uma hermenêutica crítica e valorativa, que não concentra sua atenção somente nas respostas, senão também, e principalmente, nas questões concretas da vida em sociedade que originam os problemas que dependem das decisões judiciais. O Poder Judiciário deve não somente analisar a norma e sua estrutura formal, mas também, e com mais importância, os aspectos práticos que a compõem, a realidade de sua aplicação, as necessidades e vicissitudes dos que receberão esta concretização e aplicação das regras jurídicas, alcançando resultados mais comprometidos com os valores da consciência jurídica da sociedade;

4) o formalismo tem-se atenuado por algumas atitudes pragmáticas, que permitem ao Tribunal Constitucional se posicionar e concretizar, em verdadeiro ativismo judicial, as normas promulgadas constitucionalmente, mas que seguem sem regulamentação, como no caso de alguns direitos sociais fundamentais garantidos pela Constituição Brasileira, o que demonstra que a Suprema Corte encontra-se comprometida com uma política de dimensão jurídico-constitucional de criação dos direitos consagrados na Carta Magna;

5) o objeto das demandas de caráter social tende a ser visto não como um conflito concreto entre duas partes, mas como uma reivindicação ou um reclamo acerca das ações e omissões políticas dos Poderes Executivo e Legislativo.

Todavia, chega-se à conclusão de que continua reduzido o grau de incitação do Poder Judiciário, em especial do Supremo Tribunal Federal, para demandas relacionadas à implementação dos direitos sociais fundamentais. Observa-se, também, que as demandas judiciais são, em sua vasta maioria, de caráter individual e não coletivo. A propósito, o incipiente grau de incitação do Judiciário para demandas envolvendo a tutela dos direitos sociais fundamentais revela claramente a apropriação, ainda tímida, pela sociedade, dos referidos direitos como verdadeiros dispositivos legais, acionáveis, judicializáveis e carentes de uma maior atenção pelos poderes do Estado.

Finalmente, espera-se que o marco teórico apresentado neste estudo sirva de contribuição aos poderes estatais, em especial ao Supremo Tribunal Federal e ao Ministério Público, bem como à sociedade organizada, de maneira que possa revelar novas possibilidades de significado para a eficácia e aplicação dos preceitos constitucionais dos direitos sociais fundamentais no Brasil.

Referências Bibliográficas

ABRANTES, José João. *Contrato de trabalho e direitos fundamentais*. Coimbra: Coimbra, 2005.

AFONSO, Túlio Augusto Tayano. Direitos sociais e o princípio do não retrocesso social. *Revista LTr – Legislação do Trabalho*, São Paulo, ano 63, p. 239-252, maio 1999.

ALEXY, Robert. *Teoria dos direitos fundamentais*. Versão em português. Tradução de Virgílio Afonso da Silva da 5ª edição alemã de Theorie der Grundrechte. São Paulo: Malheiros, 2006.

______ . Epílogo a la teoría de los derechos fundamentales. *Revista Española de Derecho Constitucional*, Madri: Centro de Estudos Políticos e Constitucionais, ano 22, n. 66, p. 13-64, set./dez. 2002.

BARCELLOS, Ana Paula de. Os direitos à educação e o STF. *Revista de Direito do Estado*, Rio de Janeiro: Renovar, ano 4, n. 16, p. 43-66, out./dez. 2009.

BOBBIO, Norberto. *A era dos direitos*. Rio de Janeiro: Campus, 1992.

BONAVIDES, Paulo. *Curso de direito constitucional*. 23. ed. São Paulo: Malheiros, 2008.

BORGES, José Souto Maior. *Obrigação tributária:* uma introdução metodológica. 2. ed. São Paulo: Malheiros, 1999.

BREGA FILHO, Vladimir. *Direitos fundamentais na Constituição de 1988:* conteúdo jurídico das expressões. São Paulo: Juarez de Oliveira, 2002.

CALMON DE PASSOS, José Joaquim. A constitucionalização dos direitos sociais. *Revista Eletrônica sobre a Reforma do Estado*, Salvador: Instituto Brasileiro de Direito Público, n. 10, jun./ago. 2007. Disponível em: <http://www.direitodoestado.com.br/rere.asp> Acesso em: 3.10.2011.

CANOTILHO, José Joaquim Gomez. *Direito constitucional e teoria da constituição*. 7. ed. Coimbra: Almedina, 2010.

______ . *Estudos sobre direitos fundamentais*. 2. ed. Coimbra: Coimbra, 2008.

CAPELLETTI, Mauro. *Juízes legisladores?* Versão em português. Tradução de Carlos Alberto Álvaro de Oliveira. Porto Alegre: Sergio Antonio Fabris, 1993.

CARLIER, Jean-Yves; DE SCHUTER, Olivier. *La charte des droits fondamentaux de l'union européenne* – son apport à la protection des droits de l'homme en Europe. Bruxelas: Bruylant, 2002.

CARVALHO, Osvaldo Ferreira de; OLIVEIRA, Vitor França Dias; QUEIROZ, Ari Ferreira (coords.). *O direito alemão e a nova proposta de exigibilidade dos direitos sociais.* Disponível em: <http://www.cpgls.ucg.br/ArquivosUpload/1/File/CPGLS/IV%20MOSTRA/DIREITO/O%20Direito%20alemao.pdf> Acesso em: 27.9.2011.

CASTRO, José Luis Cascajo. Los derechos sociales, hoy. *Revista Catalana de Dret Públic,* n. 38, p. 21-42, jun. 2009. Disponível em: <http://libros-revistas-derecho.vlex.es/vid/derechos-sociales-hoy-61369350Ã Acesso em: 2.9.2011.

CLÈVE, Clémerson Merlin. *O desafio da efetividade dos direitos fundamentais sociais.* Disponível em: <http://www.mundojuridico.adv.br> Acesso em: 5.10.2011.

COMPARATO, Fábio Konder. *Afirmação histórica dos direitos humanos.* 2. ed. São Paulo: Saraiva, 2001.

COPETTI, André Leonardo. Por uma (neo) filosofia política constitucional do direito penal: uma exigência fenomenológica do estado democrático de direito brasileiro. In: (Neo)constitucionalismo, ontem, os códigos, hoje, as constituições. *Revista do Instituto de Hermenêutica Jurídica,* Porto Alegre, v. 1, n. 2, 2004.

COURTIS, Christian (coord.). *Ni un paso atrás. la prohibición de regresividad en materia de derechos sociales.* 1. ed. Buenos Aires: Puerto, 2006.

DÍEZ-PICAZO, Luis María. *Sistema de derechos fundamentales* (série direitos fundamentais e liberdades públicas). 3. ed. Cizur Menor: Aranzadi, 2008.

FARIA, José Eduardo (coord.). *Direitos humanos, direitos sociais e justiça.* 1. ed. 4. circ. São Paulo: Malheiros, 2005.

FERRAJOLI, Luigi; MORESO, José Juan; ATIENZA, Manuel. *La teoría del derecho en el paradigma constitucional.* Madri: Colóquio Jurídico Europeu, 2008.

FIORAVANTI, Maurizio. *Los derechos fundamentales:* apuntes de historia de las constituciones. Universidade Carlos III, Departamento de Direito Público e Filosofia do Direito. Madri: Trotta, 1996.

GALDINO, Flávio. *Introdução à teoria dos custos dos direitos:* direitos não nascem em árvores. Rio de Janeiro: Lumen Juris, 2005.

GARCIA, Nei Comis. O problema da proteção dos direitos sociais frente às emendas constitucionais. *Revista Escola Direito,* Pelotas, p. 387-406, jan./dez. 2003. Disponível em: <http://www.ucpel.tch.br/direito/revista/vol4.doc> Acesso em: 7.10.2011.

GOMES, Luiz Flávio. *A dimensão da magistratura no estado constitucional e democrático de direito.* São Paulo: Revista dos Tribunais, 1997.

GONÇALVES, Cláudia Maria da Costa. *Direitos fundamentais sociais* – releitura de uma constituição dirigente. Curitiba: Juruá, 2010.

GOUGH, Ian. *Human well-being and social structures*. Disponível em: <http://gsp.sagepub..com/cgi/content/abstract/4/3/289> Acesso em: 3.10.2011.

GUERRA, Gustavo Rabay: *A concretização judicial dos direitos sociais, seus abismos gnoseológicos e a reserva do possível: por uma dinâmica teórico-dogmática do constitucionalismos social*. Disponível em: <http://www.mp.go.gov.br/portalweb/hp/2/docs/concretizacaodosdireitossociais.pdf> Acesso em: 22.10.2011.

GUERRERO, Pedro Francisco Gago. El papel del derecho social y de la política social en el sistema jurídico-social que reclaman los derechos humanos. *Anuário de Direitos Humanos*, Madri: Nueva Época, v. 10, p. 183-222, 2009.

HEYMANN-DOAT, Arlette. *Libertés politiques et droits de l'homme*. 7. ed. Paris: Générale de Droit et de Jurisprudence, 2002.

KRELL, Andreas Joaquim: *Direitos sociais e controle judicial no Brasil e na Alemanha*: os (des)caminhos de um direito constitucional comparado. Porto Alegre: Sergio Antonio Fabris, 2002.

LEAL, Rogério Gesta. *Perspectivas hermenêuticas dos direitos humanos e fundamentais no Brasil*. Porto Alegre: Livraria do Advogado, 2000.

LEAL, Roger Stiefelmann. *Direitos sociais e a vulgarização da noção de direitos fundamentais*. Disponível em <http://www6.ufrgs.br/ppgd/doutrina/leal2/htm> Acesso em: 20.10.2011.

LEIVAS, Paulo Gilberto Cogo. *O direito fundamental à alimentação:* da teoria das necessidades ao direito ao mínimo existencial. Disponível em: <http://www.ifibe.edu.br/cursos/posgraduacao/dh/2008/subsidios/Leivas.pdf> Acesso em: 5.10.2011.

LINS, Liana Cirne. A justiciabilidade dos direitos fundamentais sociais – uma avaliação crítica do tripé denegatório de sua exigibilidade e da concretização constitucional seletiva. *Revista de Informação Legislativa*, Brasília, n. 46, p. 51-74, abr./jun. 2009.

LOBATO, Lenaura de Vasconcelos Costa. Dilemas da institucionalização de políticas sociais em vinte anos da Constituição de 1988. *Ciência e Saúde Coletiva*, Niterói, v. 14, n. 13, p. 721-730, jun. 2009.

MANCILLAS, Víctor S. Peña. *La dignidad de la persona y el derecho*. Disponível em: <http://www.monografias.com/trabajos27/dignidad-persona/dignidad.persona.shtml> Acesso em: 15.7.2011.

MARTA, Taís Nader; KUMAGAI, Cibeli. A necessidade da utilização do princípio da dignidade da pessoa humana para efetivação dos direitos fundamentais sociais. *Revista Direitos Fundamentais & Democracia*, Curitiba, v. 6, 2009.

MARTÍNEZ DE PISÓN, José. *Tolerancia y derechos fundamentales en las sociedades multiculturales*. Madri: Tecnos, 2001.

MARTINS FILHO, Ives Gandra da Silva. Os direitos fundamentais e os direitos sociais na constituição de 1988 e sua defesa. *Revista LTr*, São Paulo, v. 63, n. 5, maio 2009.

MARTINS, Thiago Penido. Direitos fundamentais: um novo olhar, uma nova perspectiva. In: *XIX Encontro Nacional do CONPEDI*, Fortaleza, p. 6934-6958, 2010. Disponível em: <http://www.conpedi.org.br/manaus/arquivos/anais/fortaleza/4220.pdf> Acesso em: 12.7.2011.

MASTRODI, Josué. *Direitos sociais fundamentais*. Rio de Janeiro: Lumen Juris, 2008.

MELLO, Claudio Ari. Os direitos sociais e a teoria discursiva do direito. *Revista de Direito Administrativo*, Rio de Janeiro, n. 224, p. 239-284, abr./jun. 2001.

MERINHO, José Sevilla; FRANCH, Asunción Ventura. Evolución del derecho social europeo. *Revista do Ministério do Trabalho e Assuntos Sociais*, n. 57, p. 75-90. Disponível em: <http://www.mtin.es/es/publica/pub_electronicas/destacadas/revista/numeros/57/Est04.pdf> Acesso em: 15.9.2011.

MESQUITA, Camile Sahb. *O programa bolsa família: uma análise de seu impacto e alcance social*. Dissertação apresentada no Programa de Pós-Graduação em Política Social do Departamento de Serviço Social da Universidade de Brasília, 2006. Disponível em <http://repositorio.bce.unb.br/bitstream/10482/3144/1/2007_CamileSahbMesquita.pdf> Acesso em: 10.9.2011.

MIRANDA, Jorge. *Manual de direito constitucional*. 2. ed. Coimbra: Coimbra, 1993. t. IV.

______. *Manual de direito constitucional:* direitos fundamentais. Coimbra: Coimbra, 2000. t. 4.

______. Direitos fundamentais e interpretação constitucional. *Revista do Tribunal Regional Federal da 4ª Região*, Porto Alegre, v. 9, n. 30, p. 21-34, 1998.

MUSTAFA, Patricia Soraya. Um estudo dos programas de transferência de renda no Brasil: o impacto da bolsa-escola, Programa de Erradicação do Trabalho Infantil – PETI – e programa agente jovem de desenvolvimento social e humano no município de São José do Rio Preto/SP. In: *III Jornada Internacional de Políticas Públicas*, São Luís, 2007. Disponível em <http://www.joinpp.ufma.br/jornadas/joinppIII/html/Trabalhos/EixoTematicoC/fe30b368098df3ded06cpatricia_mustafa.pdf> Acesso em: 18.9.2011.

OLSEN, Ana Carolina Lopes. *Direitos fundamentais sociais. Efetividade frente à reserva do possível*. Curitiba: Juruá, 2008.

PECES-BARBA MARTÍNEZ, Gregorio. *Curso de derechos fundamentales* – teoría general. Madri: Universidade Carlos III e Boletim Oficial do Estado, 1999.

PEREIRA, Marcela Andresa Semeghini. *Direito ao lazer e legislação vigente no Brasil*. Disponível em: <http://www.estig.ipbeja.pt/~ac_direito/a1.0df> Acesso em: 9.10.2011.

PEREZ LUÑO, Antonio Enrique. *Los derechos fundamentales*. 9. ed. Madri: Tecnos, 2007.

PÉREZ ROYO, Javier. *Curso de derecho constitucional*. 12. ed. Madri: Marcial Pons, 2010.

PFAFFENSELLER, Michelli. Teoria dos direitos fundamentais. *Revista Jurídica*, Brasília, v. 9, n. 85, p. 92-107, jun./jul. 2007. Disponível em: <http://www.planalto.gov.br/ccivil_03/revista/revistajuridica/indez/htm> Acesso em: 7.10.2011.

PIOVESAN, Flavia. *Direitos humanos e o direito constitucional internacional.* 5. ed. São Paulo: Max Limonaud, 2002.

PISARELLO, Gerardo. *Debate:* Ferrajoli y los derechos fundamentales: ¿qués garantias? Disponível em: <http://aulavirtual.upo.es:8900/webct/urw/lc102116011.tp0/cobaltMain Frame.dowect> Acesso em: 8.10.2011.

POPPER, Karl. *La quête inachevée.* Paris: Calmann Lévy, 1981.

ROCHA, Sonia. *O ciclo virtuoso de melhorias do bem-estar social e o fim da extrema pobreza.* Disponível em: <http://www.forumnacional.org.br/pub/ep/EP0381.pdfhttp://www.forumnacional.org.br/pub/ep/EP0381.pdf> Acesso em: 18.10.2011.

RODRIGUES, Diego Libardi; CEZNE, Andrea Nárriman. Os direitos fundamentais sociais e a administração pública dirigente e compromissária. *Revista Eletrônica do AJDD,* Santa Cruz do Sul, ano I, v. I, p. 60-83, 2008. Disponível em: <http://www.ajdd.com.br/revista/revista.pdf> Acesso em: 1ª.10.2011.

ROLNIK, Raquel. *Direito à moradia.* Disponível em: <http://pt.wikipedia.org/wiki/Direito_%C3%A0_moradia> Acesso em: 9.10.2011.

ROMITA, Arion Sayão. *Direitos fundamentais nas relações de trabalho.* 3. ed. São Paulo: LTr, 2009.

______ . *A subordinação no contrato de trabalho.* Rio de Janeiro: Forense, 1979.

SÁNCHES, Miguel Revenga. Los derechos sociales (instrumentos de garantía en la constitución española). *Revista Parlamentária da Assembleia de Madri,* Madri: Assembleia, n. 21, p. 97-105, dez. 2009.

SANTOS, Boaventura de Sousa. *Os direitos humanos na pós-modernidade.* Coimbra: Centro de Estudos Sociais de Coimbra, n. 10, jun. 1989. Disponível em: <https://estudogeral.sib.uc.bitstream/10316/10919/1/Os%20direitos%humanos%20na%p%C3%B3%-moder nidade.pdf> Acesso em: 19.9.2011.

SARLET, Ingo Wolfgang (coord.). *Direitos fundamentais sociais:* estudos de direito constitucional, internacional e comparado. Rio de Janeiro: Renovar, 2003.

______ . *A eficácia dos direitos fundamentais.* Porto Alegre: Livraria do Advogado, 1998.

SILVA, José Afonso da. A dignidade da pessoa humana como valor supremo da democracia. *Revista de Direito Administrativo,* Rio de Janeiro: Atlas, v. 212, p. 93-107, 1998.

______ . *Comentário contextual à constituição.* São Paulo: Malheiros, 2005.

SOARES, Mário Lúcio Quintão. Direitos fundamentais do homem nos textos constitucionais brasileiro e alemão. *Revista de Informação Legislativa,* Brasília, ano 29, n. 115, p. 85-138, jul./set. 1992.

TREVISO, Marco Aurélio Marsiglia. A efetividade dos direitos fundamentais sociais: uma visão à luz da teoria crítica dos direitos humanos. *Revista do Tribunal Regional do Trabalho da 3º Região,* Belo Horizonte, v. 49, n. 79, p. 21-29, jan./jun. 2009.

VILLAGRASA, Blanca Cid. Zagrebelsky, Gustavo: principios y votos. el tribunal constitucional y la política. *Revista Parlamentária da Assembleia de Madri,* Madri: Assembleia, n. 21, p. 423-428, dez. 2009.

VILLALON, Pedro Cruz. Formación y evolución de los derechos fundamentales. *Revista Espanhola de Direito Constitucional,* Madri: Centro de Estudos Políticos e Constitucionais, ano 9, n. 25, p. 35-62, jan./abr. 1989.